まえがき

『改善基礎講座』に続く、この『改善応用講座』では、改善活動の「定着化→活性化」、そして、「改善のレベル・アップ」のため、次の3点を解説。

(1) 改善の「レベル3段階」
(2) 手っとり早い「改善の書き方」
(3) なぜ、ワザワザ、「改善を書き出す」のか？

☆

「報告は結論から」の原則に従って、「要点のすべて」を「まえがき」にて、開示しよう。それで「実感→理解→納得」できれば、もう本書を読む必要はない。さっさと「自分の仕事の改善」に取り組むべき。

自分は理解できても、「まえがきの要点」だけでは「部下に対する説明・説得には不足」という場合のみ、それぞれの章をじっくり読んでいただきたい。

(1) 改善の「レベル3段階」

「改善の質の向上」を求めるなら、「どのようなものが良い改善か」という「改善の質」と「定義の明確化」が不可欠。その指針として、本書では、

① 「ない化＝防止・廃止」
② 「にく化＝難化・抑止」
③ 「ても化＝影響緩和・波及防止」

——の「改善のレベル3段階」を提示。

そして、「改善のレベル・アップ」のための「具体的な実践法＆指導法」を、いくつかの「簡単な具体的な事例」を基に解説している。

(2) 手っとり早い「改善の書き方」

「改善そのもの」は実施されている。だが、それが「やりっ放し」のままだと、「せっかくの改善」が共有化されず、「次の改善」につながらない。それを打開するには、「改善の顕在化」が勧められる。

だが、多くの会社や職場では、それが「改善活動のブレーキ」になっている。そのブレーキを解除するため、本書では「手っとり早い書き方」として

① 「メモ感覚」で「100字以内・3分以内」
② 「要するに」で「要点のみ」書き出す
③ 「問題欄」だけ10枚、を書き出しておく

——の3項目を推奨している。

(3) なぜ、ワザワザ、「改善を書き出す」のか？

いくら「HOW」を教えても、「WHY」の納得がなければ、どうしても、「やらされ」という気持ちがつきまとう。

それを打破するには、「なぜ、ワザワザ書き出すのか」という「実感→理解→納得」の説明が不可欠。そのため本書では、

① 「改善」に対する「疑問・質問・反論」
② 「前例否定」とは「前任者の前例否定」である
③ 「前例否定」の「やり易化」のための「前例否定・事例集」

ii

③「人を責めず、方法を攻める」ための「方法変更・事例集」——という観点から説明。

特に、「人を責めず、方法を攻める」という「改善の根本的な考え方」は、言葉だけでは「カラ回り」して、「キレイゴト」で終わってしまう。

だが、「多数の改善事例の書き出し」に伴う「大量の改善事例の共有化」によって、けっして「観念論」ではないことが「実感→理解→納得」される。

そのため、実際の「各社の改善事例」や「改善事例集」を多数紹介している。

これらから、「改善の指導・推進」が、「言葉」や「観念」によるものでなく、「具体的な事例」に基づくものであることが「実感←理解」されるだろう。

☆

なお、「改善事例の共有化」に関して「2つの誤解」がある。

① 「良い改善」は「他の職場」に「水平展開」すべき
② 「他社・他職場の改善」からの「マネ・パクリ」はダメ

「水平展開すべき」は、けっして「改善事例そのもの」ではない。その改善に含まれている「発想・定石・考え方」である。なぜなら、「ある職場の改善」がそのまま「他の職場」でも役立つとは限らないからだ。

しかし、「改善の発想・定石・考え方」を共有化すれば、それぞれの職場にて、各人が「自分の仕事の改善」に応用できる。

また、改善は「マネ・パクリ大歓迎」である。「他社・他職場の改善」から、「改善の発想・定石・考え方」を「マネて、パクって、ちょいと改善する」のが、「改善の達人」たちの「手っとり早い改善的・改善実施ノウハウ」である。

もくじ

まえがき

第1章 改善のレベル3段階

1 「量から質へ」という妄言
改善の「定着→活性」化には「量」と「質」の両面が不可欠……2

2 改善のレベル3段階
① ない化（防止・プルーフ化）
② にく化（難化・レジスト化）
③ ても化（波及防止・影響緩和）……6

第2章 改善のレベルUPノウハウ

1 「改善のレベル・アップ」は
「ちょっとした工夫」の「積み重ね」と「組み合わせ」……22

① 連続改善（改善の積み重ね）
② 複合改善（改善の組み合わせ）
③ 改善の「レベル別・事例教材」

第3章 「斜め化」で改善のレベルUP

1 タテ→ヨコ→斜め
  ① タテ→ヨコ→斜め
  ② アレ→これ→ソレ
  ③ 3面・3次元発想

2 「部品皿」の「斜め化」の改善で「取りヤス化」→「やりヤス化」……42

3 「タテ→ヨコ→斜め」「アレ→これ→ソレ」3次元のレベル・アップ発想法……48

4 「より良い改善」への改善のレベル・アップ……36

3 「レベル・アップ事例教材」による2段式ペーパー・ホルダーのダメージ・コントロールのレベル・アップ改善法……30

2 アタマを「ぶつけナイ化」「ぶつけニク化」「ぶつけテモ化」の改善……26

第4章 手っとり早い改善の顕在化

1 改善メモで定期点検
  ① 100字以内・3分以内
  ② 要するに、メモ感覚で
  ③ 改善メモで定期点検

2 手っとり早い改善の顕在化で、改善の継続→定着化→活性化……64

改善は100字以内・3分以内で簡単に手っとり早く書き出せる……68

第5章 「問題欄・問題点」のみ記入すべし

1 とりあえず、「問題欄」を記入
　① とりあえず「問題点」だけ書き出す「問題欄」のみ記入する……84
2 「他人の知恵」を活用
　問題点の共有化で他人の知恵を活用するのが手っとり早い改善的・ノウハウ……90
3 「前例否定」の免疫化
　改善事例の共有化で変化への免疫力をつけ「改善＝前例否定」のやりヤス化……96
4 毎月1件の改善の書き出しは仕事のやり方の定期点検……78
3 改善の顕在化の実習　6分で2件の改善を書き出す……74

第6章 人を責めず、方法を攻める

1 「共有化すべき」は「改善の発想&定石」
　① ナゼ　何のために　ワザワザ
　②「実施済み改善」を顕在化→共有化するのか……104
2 「事例」を通じて「実感→理解→納得」
　人を責めず、方法を攻める「改善的・間違い防止法」……110
3 「人を責める」か「方法を攻める」か
　「人を責める会社」になるか「方法を攻める会社」になるか……116

第7章 改善は「ものマネ」大歓迎

① マネて、パクって、ちょいと改善
② マネ・パクリ奨励の「改善・事例教材」
③ 大量・高速の「改善的・改善事例発表会」

1 改善はモノマネ大歓迎 改善はパクリを奨励……124
2 「他人活用」「他人の知恵活用」……128
3 共有化すべきは「改善の原理・原則」や「定石・発想・考え方」である……132
4 高速・大量の「改善的・改善発表会」……136

第8章 各社の「改善事例&事例集」

① 「改善の方程式」を解説
② 「改善の定石・公式」を記入
③ 改善的・事例付・改善表彰状

1 各社のイロイロな「改善・事例教材」から「マネるべき視点・観点」……146
・サンゴバン株式会社 機能樹脂事業部……148
・株式会社牧野フライス製作所……150
・沖縄ガス株式会社……152
・日本トラック株式会社……154
・株式会社ハウマッチ……156
・ダイオーペーパーテック株式会社……158
・ヤマハ株式会社……160

viii

- オリエント化学工業株式会社……162
- 日研フード株式会社……164
- 株式会社菅文……166
- 姫路市……168
- 静岡中小企業懇話会……170

第9章　改善Q&A　一発解答

①「ヒューマン・エラー」を防ぐには
②どこまで「連続改善」を続けるべきか
③なぜ、「改善の顕在化」が必要か

1　ヒューマン・エラーを防ぐには？……174
2　連続改善は、どこまで、いつまで、連続すべきか？……176
3　なぜ連続改善が重要・必要か？……178
4　先読み改善力を強化するには？……180
5　人を責めず、方法を攻めるだが、「その人」を放置していいのか？……182
6　なぜ、ワザワザ実施済改善を顕在化→共有化するのか？……184
7　「やめる改善」を促進するには？……186

あとがき

第1章

改善のレベル3段階

① ない化（防止・廃止）
② にく化（難化・抑止）
③ ても化（影響緩和・
　　　　　波及防止）

1 「量から質へ」という妄言

改善の「定着→活性」化には「量」と「質」の両面が不可欠

改善活動が軌道に乗ってくると、必ずといっていいほど、出てくるものがある。それは「量から質へ」という妄言だ。

つまり、「改善の件数」はある程度出てくるようになったから、そろそろ

「もっと質の良い改善を」
「もっと質の高い改善を」

——という意味だろう。

だが、「この妄言」のため、今まで、どれだけ「多くの会社」が躓いていて、

「せっかく活性化してきた改善活動」を停滞させたり、あるいは、転覆させ

てきたことだろうか。

☆

「そのような会社」では、

「改善の質とは何か」
「質の良い改善はどのようなものか」
「質の高い改善はどのようなものか」

——ということを、

* 「何も、考えず」
* 「何も、定義せず」
* 「何も、説明せず」

——ただ単に、「量から質へ」という「妄言」を念仏のように唱えているだけに過ぎない。

すると、どうなるか。多くの社員は「量から質へ」という「言葉だけ」を聞かされると、それは「効果の大きな改善」という意味だろうと短絡的に解釈してしまう。

あるいは、

「もう、簡単な改善ではダメらしい」
「もっと効果の大きなスゴイ改善をしなければならないようだ」

または、

「もう、小さな改善ではダメらしい。ホームラン級の大きな改善をしなければならない——」

と勝手に思い込んでしまう。

もちろん、「効果の大きな改善」が「実施デキル職場」ならば、「新たな挑戦目標」ができるので、それも結構なことだろう。

しかし、すべての職場で、あらゆる職種で、「効果の大きな改善」が実施デキルとは限らない。

たとえば、「受付の人」がいくら改善しても「百万円の効果」を得るのは、おそらく不可能だろう。

では、もう「受付の仕事」における改善は不要かというと、けっしてそうではない。

やはり、来客者に、さらに、もっと「利便性」や「快適さ」を提供するために改善が必要だ。

つまり、「改善の質」とは「効果だけ」ではないということだ。もちろん、効果も重要だ。効果も「改善の質」の一部である。しかし、「効果だけ」が「改善の質」ではない。

「改善の質の向上」や「改善のレベ

ル・アップ」を訴えるには、まず、何よりも、「改善の質」とは何かということから「改善の質」を「3段階」に定義させるための指導」という観点からの指導が必要だ。

「改善の質の定義」をハッキリさせておく必要がある。

「改善の質」を定義せず、ただ単に「質の向上を訴えるだけ」では、カラ回りする。

「改善のレベル・アップ」には、
①　どのようなものが質の高い改善か
②　どうすればレベル・アップできるか
——という「What」と「How」の両面からの指導が必要だ。

もちろん、「改善の質の定義」にはイロイロな観点から様々だろう。なにしろ、ナニゴトも「定義というものは人の数だけある」と言われているくらいだから。

だが、「改善のレベル」を向上させるため——という観点からは、きちんとした「改善のレベル」の段階を定義することができる。

日本HR協会では「改善のレベル・

☆

アップさせるための指導」という観点からしている。

それは、
①　「ない化」
②　「にく化」
③　「ても化」
——である。

もっとも、これらの言葉を初めて聞く人は、いったい何のことか、サッパリわからないだろう。

本章で、「改善のレベル3段階」をじっくり解説する。

「改善の質向上」はあくまでも「ヒットの積み重ね」

「改善の質の向上」や「改善のレベル・アップ」という言葉を聞くと、「1回の改善」で「大きな効果」が得られるよう「大変なこと」をしなければ——と思う人もいる。

あたかも、野球で「ホームラン」を

打たなければならない——と思い込んでしまうようなものである。

だが、「改善」は「大変なこと」ではない。どこまでいっても「小変」の積み重ねである。

けっして、「一発のホームラン」で得点するのではなく、「ヒットの積み重ね」で得点するのが「改善的方法」である。

また、改善活動の推進は、けっして「量から質」ではなく、「量も質も」というべきだ。

なぜなら、改善の「継続→定着化→活性化」には、社員の「改善の習慣化」が不可欠である。

「惰性的な仕事」ではなく、常に、「より良いやり方」を考えながら仕事をするという「改善の習慣化」には、どんな職場でも、どんな職種でも、継続的に「毎月1件」という「量」が絶対に必要である。

改善活動における
量から質へという妄言

量から質へという妄言は一度は罹る麻疹のようなもの。だが、「同じ落とし穴」に次から次に落ちるほど愚劣なことはない。すでにわかっていることは予防策を講じ、失敗を回避すべき。

「質の定義」が不明確だと、多くの社員は、

改善の質＝効果の大きさ、つまり、
「効果の大きな改善」と思い込んでしまう。

「効果の大きな改善」ができる職場は限られている。
そのため、せっかくの「全員参加の改善活動」が
「特定部門の改善活動」になり果ててしまう。

改善が定着化してきたら、次の段階として
改善の質の向上を指導すべき
だが、そのためには、
①「改善の質」とは、どのようなものか、
②どのようなものが「質の高い改善か」
を明確化しなければならない。

「改善の質」の指標が「効果だけ」では、
せっかくの改善活動も先細りとなる。
改善の活性化には豊かさが必要
改善の「指導・推進」には
「複数の指標」が求められる

2 改善のレベル3段階

① ない化（防止・プルーフ化）
② にく化（難化・レジスト化）
③ ても化（波及防止・影響緩和）

改善には「3段階のレベル」がある。

それは、
① 「最善」
② 「次善」
③ 「次々善」
——である。

もちろん、「最善＝ベスト」が一番である。なにしろ、「最も善い」という意味なのだから。

しかし、いつも「ベストの改善」が「実施デキル」とは限らない。そのような場合、「最善」にとらわれてはならない。

「最善」がダメなら、「次善」で、それでもダメなら、「次々善」で——と、とりあえず、「デキルこと」から着手するのが「改善的・対処」である。

この「レベル3段階」を、別の漢字で表現すると、
① 「防止」
② 「難化・易化」
③ 「波及防止・影響緩和」
——である。

さらに、英語では、
① 「プルーフ化」
② 「レジスト化」
③ 「セーフ化」
——となる。

さらに、「日常的な言葉」で、表現するなら、
① 「ない化」
② 「にく化」
③ 「ても化」
——となる。

だが、こんな「言葉」をいくら羅列されても、何のことかサッパリわからない。かえって混乱するだけだろう。よって、これら「3段階の意味」を「具体的な事例」をもとに解説しよう。

「高所作業」の「安全化」の改善

高所作業では、「落下事故」という危険がある。それに対する「最もレベルの高い対策」、すなわち、「最善の改善」は、「落下防止＝落ちナイ化」である。

落ちなければ、ケガすることもない。それが「実現デキル」ならば、それが最善である。

では、どうすれば「落ちナイ化＝落下防止」の改善がデキルか。それには「落下の原因」を取り除くこと。

「落ちる原因」は何か。それは高い所に「登る」からだ。登らなければ、絶対に「落ちる」ことない。

たとえば、「タンクの残量」を読み取るため、モンキータラップを登っていた——という場合。

登らなくても、「残量がわかる」ような工夫をすれば、この問題は完全に

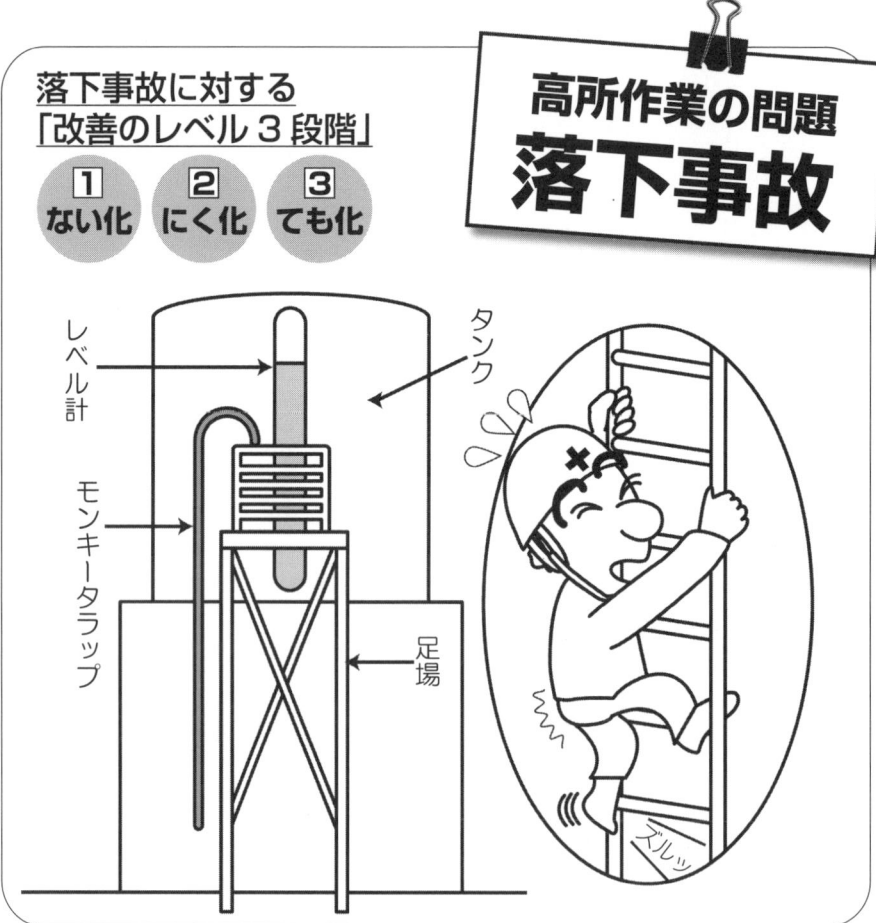

高所作業の問題
落下事故

落下事故に対する「改善のレベル3段階」
1. ない化
2. にく化
3. ても化

解決される。

単純な方法としては、たとえば、「鏡」を使って、地上からレベル計を読み取るというアイデアもある。

それは極端だとしても、最近の技術なら、「遠隔装置」で、簡単に読み取ることができるだろう。

とにかく、登らナイで、読み取る方法が実施できれば、この問題は完全に解決される。

なにしろ、「登らナイ化」すれば、絶対に「落ちナイ化」が実現されるのだから。

これこそ、「根本的原因」に対する「根本的な対策」、すなわち「根本的な改善＝最善の改善」である。

「ない化」がダメなら「にく化」でもいい

しかし、実際には、いつも、このような「登らナイ化」の改善がデキルとは限らない。「仕事の現実」には、イロ

8

[1] 最善 ない化（防止）

※「落ちる原因」を取り除く（対策＝原因の裏返し）
※「登る」から落ちる＝対策：登らナイ化→落ちナイ化

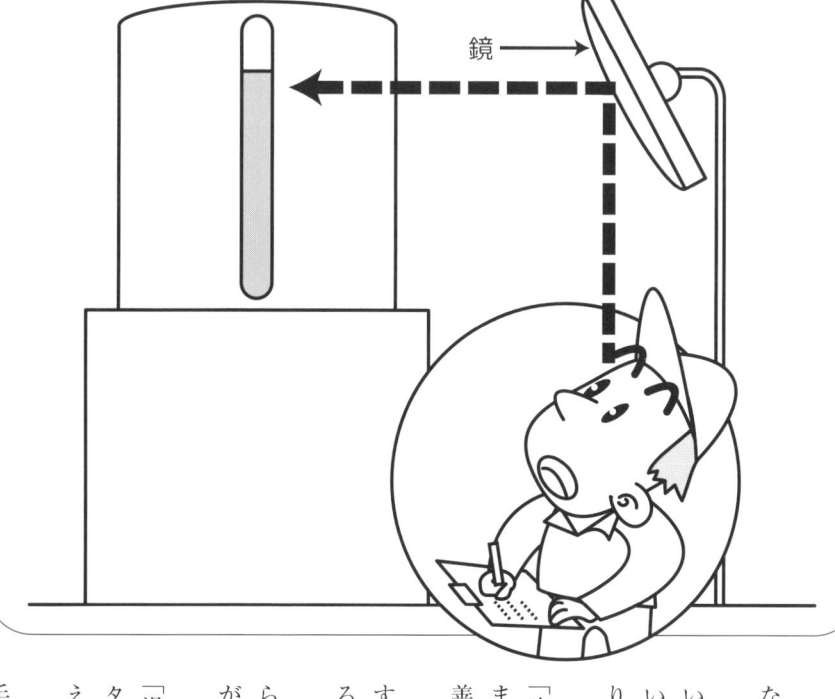

イロな制約があるからだ。よって、どうしても「登らなければならない」ということもある。

だが、「登らナイ化＝落ちナイ化」という「最善の改善」がデキナイからといって、そこで諦めたり、フテ腐れたり、落胆することはない。

「ナイ化＝防止＝最善」がダメなら、「次善の策」として「ニク化」、つまり、「落ちニク化＝難化」という改善がある。

では、「落ちニク化」するには、どうすればいいか。これも、やはり「落ちる原因」を取り除くこと。

「落ちる原因」のひとつは「滑る」からだ。特に、雨や朝露などでトラップが濡れていると「滑りやすく」なる。ならば、その「原因」を裏返して「滑りニク化」すればいい。たとえば、トラップの形状を「丸棒→板状」に変えるなど。

あるいは「滑り止め」を塗る。また、手袋や靴底を滑りにくい形状や材質

② 次善 にく化（難化）

※「落ちる原因」を少しでも減らす（原因の減少化）
※「滑る」から落ちる ＝「滑らナイ化＆滑りニク化」

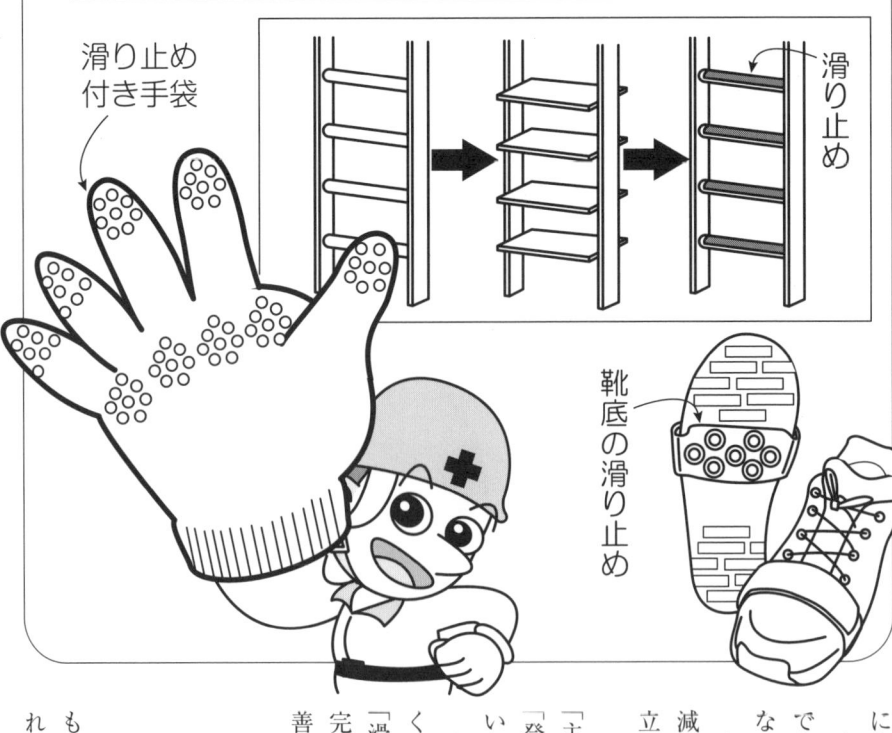

滑り止め付き手袋

滑り止め

靴底の滑り止め

に変えるなど。

それで、少しでも「滑りニク化」ができれば、その分だけ「落ちニク化」となる。

すると、その分だけ「落下事故」も減る。これもまた「安全対策」という立派な改善である。

つまり、「落下事故」という問題の「主原因＝登る」を完全に除去すれば「登らナイ化＝絶対に落ちナイ化」という「最善の改善」となる。

また、「滑る」など「落ちる原因のいくつか」を取り除くことができれば、「滑りニク化＝落ちニク化」という不完全ながらも、それなりの「次善の改善」となる。

「にく化」の次には「ても化」という改善が

もちろん、そのような「次善対策」にも限度がある。いくら工夫しても、これ以上は落下事故を防止できないと

③ 次々善 ても化（波及防止・影響緩和）

※「落下の被害」を最小限に食い止める（食い止め化）
※ 落ちても「ケガしない化」or「痛くない化」

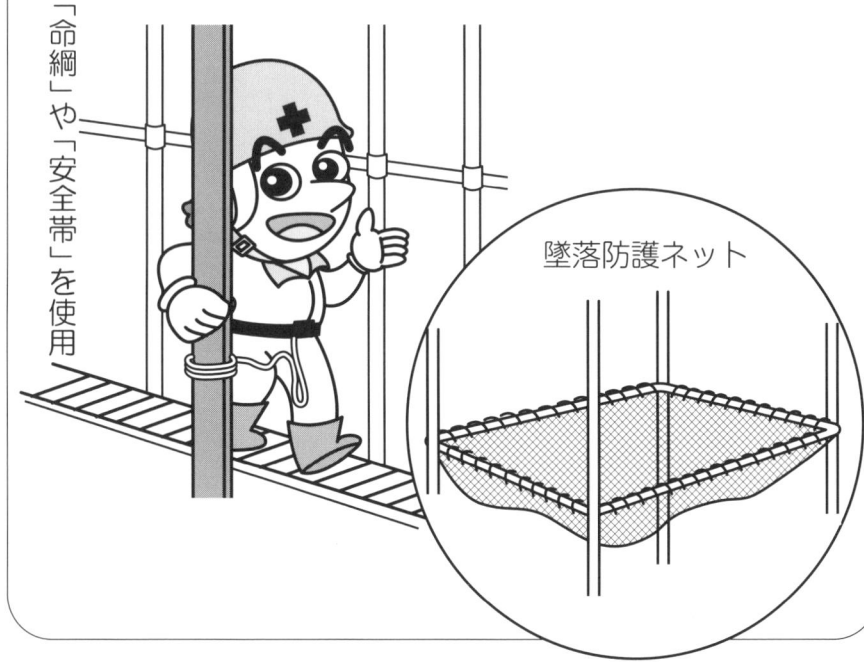

「命綱」や「安全帯」を使用

墜落防護ネット

いう限界がある。

だが、それでも諦めることはない。「ナイ化」も「ニク化」もダメならば、「最後の手段」として「テモ化」という「第三の改善」がある。

それは、たとえ、落ちテモ、

* 「ケガしナイ化」
* 「痛くナイ化」

——などの対策だ。

たとえば、

◎「命綱」を使う
◎「セフティ・ネット」を用意
◎「マット」を敷いておく

——など。

このような「テモ化」の対策をしておけば、たとえ、落ちテモ、最悪を防ぐことができる。

この「テモ化」を難しく表現すれば「波及防止・影響緩和」である。

あるいは、もっとわかりやすく言えば、それは「損害や被害」を最小限に食い止めること、すなわち「食い止め化」である。

自動車の問題 衝突対策

1 最善 ない化(防止)

車間距離を感知するセンサー

2 次善 にく化(難化)

路面に凹凸があるように錯覚させる

センターラインを踏むと摩擦音で警告する

ここは住宅街 制限速度30km厳守 ← 注意喚起の看板

「すべての問題」に「3段階」があてはまる

「改善のレベル3段階」をわかりやすく説明するため、「高所作業」における「落下事故・対策」という事例を取りあげたが、これはすべての問題に適用される。

たとえば、「ぶつかる＝衝突」という問題ならば、
① 「ぶつからナイ化＝衝突防止」
② 「ぶつかりニク化＝衝突難化」
③ 「ぶつかっテモ化＝被害緩和」
——という「3段階の対策が可能」である。

現在、自動車の「車間距離」をセンサーで感知して、ぶつかりそうになったら、自動的にブレーキがかかるような装置の開発が進められている。

それが実用化されれば、文字通りの「ぶつからナイ化」が実現される。それが「最善の改善」である。

③ 次々善ても化（食い止め化）

※ 衝突しても「被害・損害」を最小限に食い止める

シート・ベルト
カチッ
エア・バッグ

だが、それが「実現・実用化」されるまでは「とりあえず」の対策として、

* 「速度規制」
* 「車間距離・注意」という看板
* 「路面の凸凹化」
* 「路面からの摩擦音化」

などの工夫がなされている。

これらは完全ではないが、多少は「ぶつかりニク化＝衝突事故の減少」につながっている。

これが衝突という問題への「次善の対策＝ニク化」である。

そして、「最後の手段」として、

* 「バンパー（緩衝器）」
* 「シート・ベルト」
* 「エア・バッグ」

——などがある。

これは、たとえ、ぶつかっても、被害や損害を最小限に「食い止める」ための工夫である。これもまた立派な改善である。

このように、どんな問題に対しても少なくとも、「3段階」の対策がなさ

最善
1 ない化（防止・プルーフ）

※フール・プルーフ（ポカよけ・バカよけ）
※「不良」ができナイ化・間違えられナイ化

表と裏を「間違えられナイ化」の工夫
ポカよけ（フール・プルーフ）の工夫

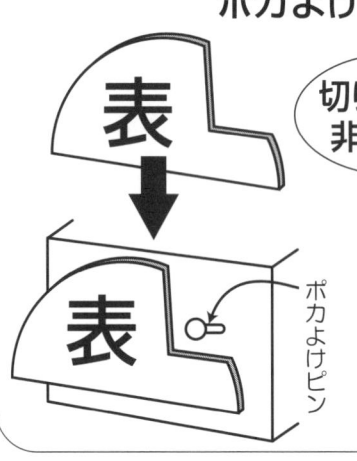

切り欠きで非対称化

ポカよけピン

「ポカよけピン」がじゃまになって「裏」では取り付けできない。

れている。

「品質不良」に対する「改善のレベル3段階」

「品質不良」という問題はどうだろうか。もちろん、最善は、
* 「不良品」が「できナイ化」
* 「不良品」を「作れナイ化」
──という改善である。

では、「ナイ化」するには、どうすればいいか。それは「不良の原因」を取り除くこと。

たとえば、「部品の取り間違い」が原因ならば、「フール・プルーフ」、つまり、「バカヨケ・ポカヨケ」などの工夫で、「間違えられナイ化」をすればいい。

突起物など形状を工夫して、「間違った部品」は「組み付けられナイ化」すれば、もう絶対に「間違った部品」が組み付けられることはない。

それが実施できれば、完全に「不良

② 次善 にく化 (難化・抑止)

※「不良の原因」を少しでも減らす
※「間違いの原因」を少しでも減らす

表と裏の「間違えニク化」の工夫

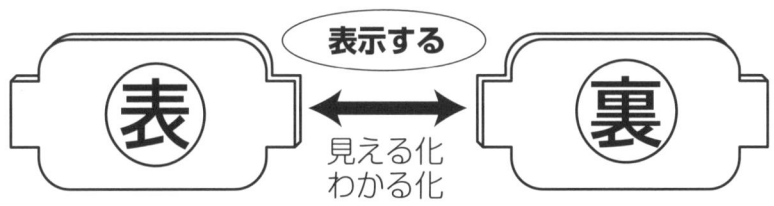

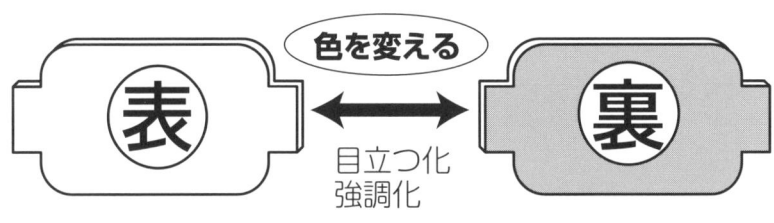

「間違えニク化」で「不良低減」の改善を

もちろん、「不良の原因」は複数あるので、それらすべてを完全にゼロに、つまり、完全な「不良・絶対ゼロ」を実現するのは難しい。

しかし、そこで諦めることはない。「ナイ化」という「最善」がダメなら、「次善」として、「ニク化」、つまり「間違いニク化」の工夫がある。

それで、少しでも「間違い」が減り、その結果、少しでも「不良」が減れば、それも立派な改善である。

では、「間違いニク化」するには、どうすればいいか。それは「間違いの原因」を取り除くこと。

「間違いの原因」の「ひとつ」は「似ているから=類似」である。「同じような部品」だから取り違う。「同じよ

ゼロ」になるので、これが「最善の改善=完全な改善」である。

間違い防止・難化対策

対策 ＝ 原因の裏返し

間違いの原因 ＝ **似ている**

間違いの対策 ＝ **似ない化**

似ない化 する には

* **色分け化**　　* **目立っ化**
* **目印化**　　　* **マーク化**
* **番号化**　　　* **記号化**
* **分離化**　　　* **隔離化**

うなスイッチ」だがら、押し間違えるのだ。

「似てる」のが原因なら、その対策は「似ナイ化」である。たとえば、

* 「色を変える」（色分け化）
* 「目印をつける」（目立っ化）
* 「位置を変える」（分離・隔離化）
* 「番号をつける」（番号化）
* 「品名を書く」（記名化）

――などで、少しでも「似ナイ化」できれば、「間違えニク化」となる。

「ても化」の改善で「不良の食い止め化」

「最後の手段」として、たとえ、「不良品」が出ても、

* 「すぐ発見デキル化」
* 「スグ取り除ける化」

――などの改善がある。

それによって「不良品」が出荷され、販売され、そして、お客様に迷惑をかけるという「最悪の事態」だけは避け

16

③ 次々善 **ても化**（波及防止・影響緩和）

※「不良」の「発見・検知」の「迅速化・確実化」
※「不良」の排除＝「不良出荷」の「食い止め化」

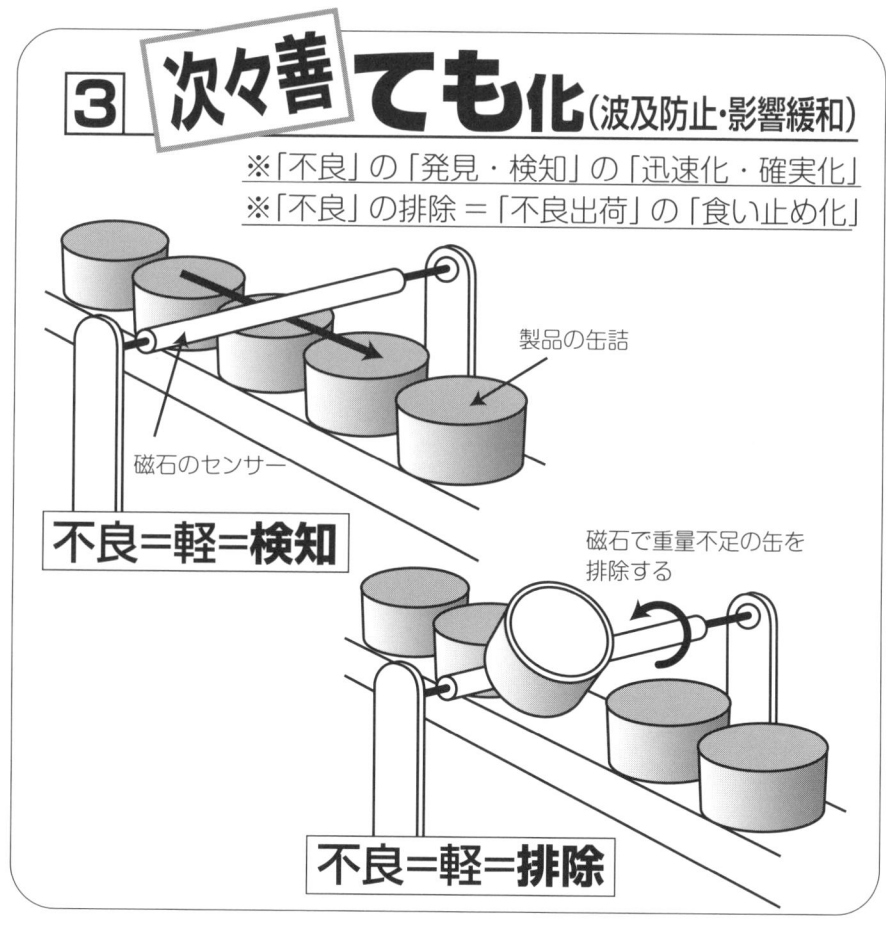

製品の缶詰

磁石のセンサー

不良＝軽＝検知

磁石で重量不足の缶を排除する

不良＝軽＝排除

ることができる。

これも立派な改善である。むしろ、品質改善の「最後の砦」ともいうべき重要な改善である。

たとえば、「重量不足」という製品不良は「重さセンサー」で感知して、自動的に排除するなど。

あるいは、缶詰などの鉄製品なら、重量不足を磁石で「感知→排除」という工夫もある。

☆

もちろん、すべての問題に対して、「ナイ化＝完全防止」の改善ができるなら、それ以下の「ニク化・テモ化」という改善は不要である。

だが、現実は厳しい。実際の仕事は様々な「複数の要因」が、複雑に絡み合っている。それゆえ、それらすべてを完全に除去して、

* 「不良ゼロ」
* 「事故ゼロ」
* 「遅れゼロ」
* 「間違いゼロ」

——などの実現は難しい。

たとえ、限りなくゼロに近づけても、けっして「絶対ゼロ・完全ゼロ」ではない。

世の中には「万が一」ということが多々ある。それに対応するは、やはり

① 「ナイ化」＝防止
② 「ニク化」＝難化
③ 「テモ化」＝緩和

——という「3段階」の対策が必要である。

特に、「安全・品質」に関しては、「最悪の事態」だけは、なんとしても「食い止める」という「多重防御」の改善、すなわち「テモ化」をおろそかにしてはならない。

「ても化」と「ダメージ・コントロール」

「ても化＝食い止め化」を軍事関係では「ダメ・コン」という用語が使われている。

これは「ダメージ・コントロール」の略語で、たとえ、敵の攻撃を受けても、そのダメージ（被害・損害）を最小限に「食い止める」こと。

たとえば、艦船が被弾した場合でも、延焼防止の防火壁や消火装置などが必要である。あるいは緊急時のマニュアルや訓練なども含まれる。

このように、「ダメージ・コントロール」は「ハード」と「ソフト」の両面から成り立っている。

「ダメ・コン」を難しく言えば、

＊ 「波及防止・影響緩和」
＊ 「損害・被害の限定化」
＊ 「損害・被害の不拡散」
＊ 「損害・被害の局所化」

逆に、わかりやすい「日常語」なら「ても化」、あるいは「食い止め化」である。

もちろん、「被害・損害」など全くないという「ナイ化」が「最善」だ。

だが、それがムリなら、せめて、攻撃や損害を受け難くする「ニク化」が、

「次善」である。

だが、現実は甘くない。相手も必死で攻撃してくるど、どうしても被害・損害が発生する。

その場合、それを最小限に食い止める「テモ化」、すなわち「ダメ・コン」のレベルがある。

このように軍事においても「3段階」

① 「攻撃を受けナイ化」
② 「攻撃を受けテモ化」
③ 「攻撃されテモ化」

☆

我々の仕事も、

＊ 「事故との戦い」
＊ 「不良との戦い」
＊ 「時間との戦い」
＊ 「間違いとの戦い」

——の如く、すべて「戦い」である。

その戦いに敗北せず、勝利を得るにはやはり、「改善のレベル3段階」の対応が不可欠である。

問題に対する改善のレベル3段階

①最善 改善の最終目標は 問題ゼロ 改善の究極は 不都合ゼロ 最善を目指すが 最善にとらわれない <u>着眼大局</u> <u>着手小局</u>	**ない化** 防止・予防 プルーフ化 <u>問題ゼロ</u> <u>不良ゼロ</u> <u>事故ゼロ</u> <u>遅れゼロ</u> 根本的解決 原因対策 原因除去	**できれば、絶対に** 遅れない化 間違えない化 探さない化 待たせない化 不良作らない化 事故発生しない化 <u>落下防止</u> <u>破損防止</u> <u>混入防止</u> <u>汚れない化</u> イライラしない化 バタバタしない化
②次善 完全でなくても、 少しでも良くなれば それも改善 <u>ベストを目指し、</u> <u>ベターの改善から</u>	**にく化** <u>抑止</u> <u>難化</u> <u>レジスト化</u> （容易化） （やり易化）	<u>せめて</u> <u>遅れにく化</u> <u>間違えにく化</u> <u>汚れにく化</u> （探しやす化） （戻しやす化）
③次々善 それでもダメなら、 最悪に備える それも改善 とりあえず、 「ても化改善」から 「にく化改善」へ 「ない化改善」へ 改善のレベルUPを	**ても化** 波及防止 影響緩和 <u>被害の最小化</u> <u>損害の局所化</u> 拡大拡散防止 連鎖連動阻止 食い止め化	**たとえ○○しても** <u>スグ発見できる化</u> <u>スグ止められる化</u> <u>スグ修復できる化</u> スグ連絡できる化 スグ対応できる化 <u>ケガしない化</u> <u>大事に至らない化</u>

第2章

改善のレベルUPノウハウ

①連続改善
　　（改善の積み重ね）
②複合改善
　　（改善の組み合わせ）
③改善の「レベル別・
　　　　　事例教材」

① 「改善のレベル・アップ」は「ちょっとした工夫」の「積み重ね」と「組み合わせ」

「改善のレベル」には、

① 「ない化＝防止」
② 「にく化＝難化」
③ 「ても化＝緩和」

――の「3段階」がある。

だが、それを「わかった・だけ」や「理解した・だけ」では、何の価値も意味もない。

それは単なる「知識」に過ぎない。

「知識・だけ」では、「改善の質の向上」どころか、それ以前の「改善の実施」すらできない。

「どうすれば、改善のレベル・アップ法」も「ちょっとした工夫」の、

改善が「小変＝ちょっとした工夫」であるように、「改善のレベル・アップ法」も「ちょっとした工夫」で

☆

「改善のレベル・アップ法」といっても、それはけっして「難しいもの」ではない。

つまり、「単なる知識」に「具体的な方法」が加味されて、初めて「知恵」となる。

プができるか」という「具体的な方法」が備わってこそ、「実施→実現」に結びつく。

① 「積み重ね」
② 「組み合わせ」

――に過ぎない。

それを、冷凍倉庫における実際の「最も簡単なレベル・アップ事例」で説明してみよう。

「にく化」から「ない化」へ「レベル・アップ」の工夫

「冷凍倉庫」の「照明スイッチ」は、「建物の外」に設置されている。内部だと凍りついてしまうからだ。

消されニク化の改善

スイッチの横に「作業中」の札を掛けた

外に照明スイッチがある

スイッチが外部にあると、困ったことがある。それは倉庫の中で働いているのに、間違って、照明が消されてしまうこと。

冷凍庫ゆえ、ドアを閉めて仕事をしている。だから、突然、照明を消されると、真っ暗となり、パニックにもなりかねない。

さて、この問題を解決するには、どうすればいいだろうか。

まず、第一に「倉庫の中に人がいること」をわからせること。

そのための「最も簡単な方法」はスイッチの横に、「作業中」などといったカードや札をぶら下げることだろう。

それだけで、とりあえず、かなり、「消されニク化」となる。

だが、これだけでは完全ではない。なぜなら、世の中には「アワテ者」がいる。あるいは、「勘違い・錯覚」ということもある。

ゆえに、「スイッチの横」に「表示した・だけ」では、この問題を完全に解

消されナイ化の改善

「札の位置」を「スイッチの上」に変えた

決できない。

では、この「消されニク化」という「改善のレベル」をランク・アップさせて、「消されナイ化」するには、どうすればいいだろうか。

それは「札の位置」を「スイッチの上」に変更すること。

こうすれば、スイッチを消すには、その「札」をワザワザ外さなければならない。そのため、少なくとも「うっかり」で消されることはない。

☆

これは非常に「簡単な事例」である。

しかし、「札の位置」を、「ちょっと変えてみる・だけ」で、

*「消されニク化」というレベルから
*「消されナイ化」というレベルへ

「改善の質の向上」がなされることがわかる。

このような「簡単なレベル・アップ事例」を数多く共有化することで、「改善の質の向上」は、難しいものでは

なく「ちょっとした工夫」の、

① 「積み重ね」（連続改善）
② 「組み合わせ」（複合改善）

——であることがわかる。

つまり、「改善の質の向上」とは、けっして、一発で得点するような「ホームラン方式」でなく、あくまでも「ヒット＝小変」の「積み重ね」であることが理解される。

「改善の質の向上」で「改善能力」の強化

もっとも、このような簡単な「レベル・アップ事例」を見せると、

——「最初から、そうしておけばよかったではないか」

——と言う人が出てくる。

そして、

——「そうすれば、何もワザワザ改善のレベル・アップなどという余計なことをしないでもいいではないか」

——と言う。

だが、それは自分で何も改善せず、「他人の改善」を批判・批評するだけの「社内・評論家」たちのセリフ。

実際に、自分自身で「自分の仕事のやり方」を工夫している人なら、改善というものは、

* 「やってみなければ、ワカラナイ」
* 「やってみて、初めてワカルことが多々ある」

——ということを実感している。

自分では何もしない「評論家」には進歩も、成長も、発展も、何もない。

しかし、

* 「やってダメなら、また改善」
* 「それでもダメなら、また改善」

——という「改善の積み重ね」によって、「自分の改善のレベル」を少しつつ向上させている人には「先読み・改善能力」が蓄積される。

「とりあえず改善」の「積み重ね」の「繰り返し」によって、

* 「ひとつの改善で発生する不都合」
* 「次に改善すべき方向・事項」

——など「連続改善のパターン」がだんだんわかってくる。

すると、次の機会には「やってダメなら——」という部分をあらかじめ、「予知・予測・予想——」できるようになる。

そして、「また改善」の部分を「事前対応・先手対応」によって、「先取り」できるようになる。それが「先取り・改善能力」である。

簡単な工夫でも、それらの「積み重ね」を繰り返すことで「改善のレベル・アップ」ができる。これが「改善的・改善能力の開発・強化法」である。

☆

改善に「3段階のレベル」があるように「改善能力の開発」にも、やはり「3つの段階」がある。それは、

① 「とりあえず改善」
② 「もっと改善」
③ 「さらに改善」

——という「連続改善＆複合改善」の「積み重ね」と「繰り返し」である。

② アタマを「ぶつけナイ化」「ぶつけニク化」「ぶつけテモ化」の改善

工場の通路に鉄管や鉄骨が張り出していることがある。うっかりすると、頭をぶつけて、ケガしたり、痛い思いをする。

このような場合、どのような対策が可能か。もちろん、「最善の改善」は「ぶつけナイ化」である。

「ぶつけナイ化」できれば、ケガも痛みもない。それが実現されるなら、この問題は完全解決である。

では、「ぶつけナイ化」するには、どうすればいいか。それは「ぶつかる原因」を取り除くこと。

では、通路に張り出した鉄管などに「ぶつける原因」は何か。それは「張り出しの位置」が低いからだ。

つまり、人間の「頭の高さ」に張り出してるから、ぶつけるのだ。ならば、その位置を変え、もっと高くすれば、いい。

それが実施できれば、この問題は解決だ。しかし、実際はどうだろうか。「建物の構造的制約」などのため、どうしても「位置を変える」ことが実施できないこともある。

だが、「最善＝ない化の改善」が実施できなくても、諦めることはない。「改善的な対処法」である。

「最善＝ない化」がダメなら、次には「次善＝にく化」の改善を考える。つまり――と、「次の対策」を考えるのが、
＊「アレがダメなら、コレで」
＊「コレがダメなら、ソレで」
であり、「ぶつけナイ化」がダメなら、「ぶつけニク化」を考える。

では、「ぶつけニク化」するには、どうすればいいか。一般的な方法は「頭上注意」の表示だろう。

それで、少しでも「ぶつけニク化」と

ぶつける という問題を解決するには

なり、「頭をぶつけること」が多少とも減れば、これも改善である。

もちろん、この「ぶつけニク化」の改善にもイロイロなレベルがある。

「頭上注意」という表示でも、

① 「白地に黒の文字」
② 「白地に赤の文字」
③ 「黄色地に黒＆赤の文字」

——などのように、「色を変える」ことで「より目立つ化」となり、「より、ぶつけニク化」となる。

また、単なる「文字・だけ」よりも、それに「絵やイラスト」を加えれば、さらに「目立つ化」となり、もっと「ぶつけニク化」となる。

あるいは、「トラ・テープ」を貼ったり、「赤い布」などを「のれん」のように垂らせば、さらに「目立つ化→ぶつけニク化」となる。

それらを組み合わせれば、もっと「目立つ化→ぶつけニク化」の効果が得られる。

「単一の対策」よりも、「複数の対

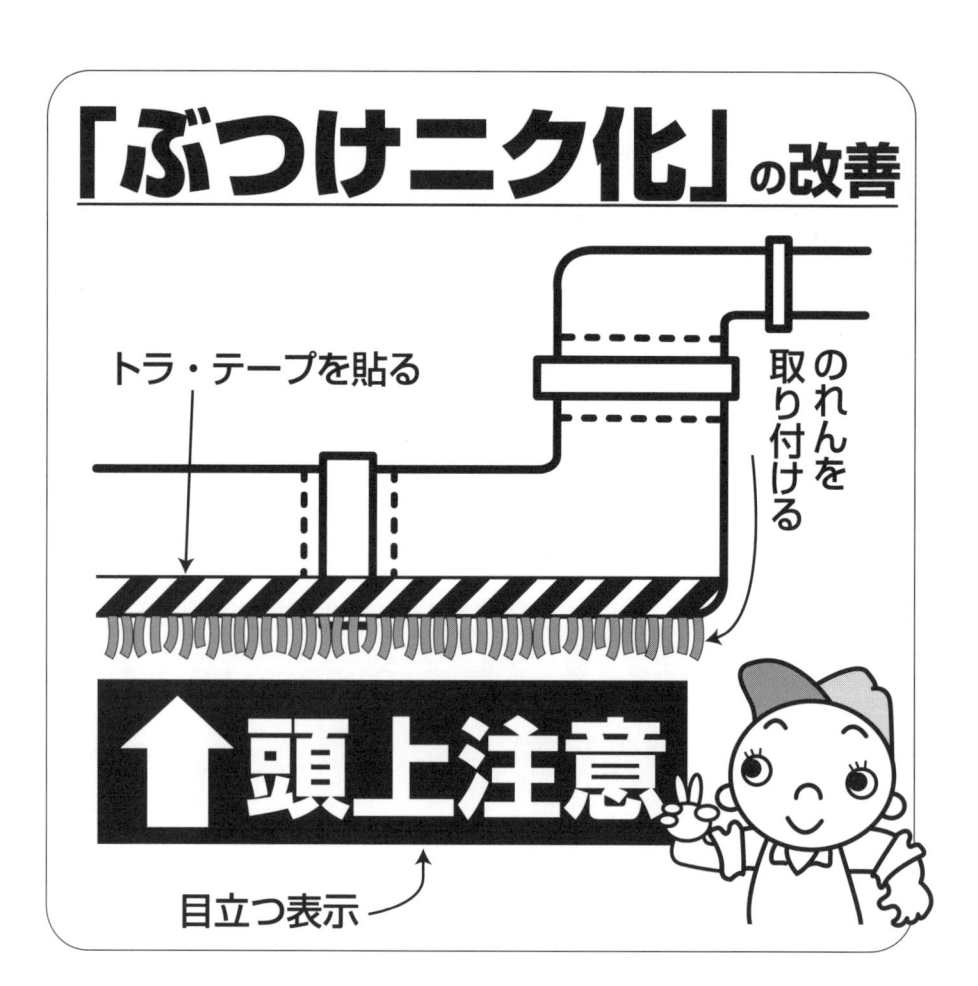

「ぶつけニク化」の改善

トラ・テープを貼る

のれんを取り付ける

↑ 頭上注意

目立つ表示

このように「改善のレベル・アップ」の方法のひとつは「複数の改善の組み合わせ＝複合改善」である。

☆

「組み合わせ改善＝複合改善」によって、「ぶつけニク化」のレベルを向上させても、その効果にはやはり限度がある。

いくら改善をしても、やはり、ぶつけることもある。なにしろ、我々の「職場の現実」にはイロイロな条件や様々な状況があるからだ。

だが、それでも、まだまだ諦めることはない。「次善＝にく化」の次には「次々善＝ても化」という「第三の改善」が控えている。

それは、たとえ、ぶつけテモ、

＊「痛くナイ化」
＊「ケガしナイ化」

──など、「被害」や「ダメージ」を最小限に「食い止める改善」である。

策」を組み合わせるほうが「改善のレベル」は高くなる。

28

「ぶつけテモ化」＋「組み合わせ」の改善

ヘルメットをかぶる

モコモコ
頭上注意！

スポンジを詰める

では、「ぶつけテモ化」するには、どうすればいいだろうか。たとえば、「スポンジ」を巻き付けるなど。

そうすれば、たとえ、ぶつけテモ、「ケガしナイ化」や「痛くナイ化」となる。

また、「ヘルメット」をかぶるのもやはり、「ても化の改善」である。

つまり、「ぶつけテモ」→「大丈夫化」するには、

① 「人間の頭」をカバーする
② 「鉄管や鉄骨」をカバーする

——の「どちら」でも、いい。

「どちら」をカバーするほうがいいか、それは「現場の状況や条件」によって判断し、とりあえず、デキルことから実施すればいい。

もちろん、それらの、どちらも実施できるならば、そのほうがいい。

「組み合わせ改善＝複合改善」となるので、「より痛くナイ化・よりケガしナイ化」という「よりレベル・アップされた改善」となる。

29　第2章　改善のレベルUPノウハウ

③ 2段式ペーパー・ホルダーの「ダメージ・コントロール」のレベル・アップ改善法

> 「ハード」には「ソフト」が不可欠

「2段式」の「トイレット・ペーパー・ホルダー」がある。たとえ、「ひとつのペーパー」がなくなっても、「もうひとつ」あれば大丈夫という「てもか」の改善である。

だが、その「使用法」は施設によって、次のように異なっている。

☆

① 「2つ」とも包装が解かれ、
② 「ひとつ」は包装が解かれているが、「もうひとつ」は「包装のまま」

この「設置法」の違いは、「ダメージ・コントロール」に関する、大きな「レベルの差異」となっている。

「2つ」とも、包装が解かれているタイプだと、どちらのペーパーでも使えるので、「人」によっては、

* 「上」のペーパーを使う
* 「下」のペーパーを使う

——など、それぞれだ。

そのため、「2つのペーパー」は、並行的に減っていく。すると、どのようなことになるだろうか。

「運の悪い人」のところで、「両方のペーパー」が、完全に「なくなってしまう可能性」がある。

これでは、せっかくの「2段・ホルダー」も、その機能を発揮できない。なぜなら、予備として「保存すべきペーパー」なのに、それが自由に使えるので、「予備」になっていない。

これこそ、いくら「ハード的設備」を整えても、その使用法など「ソフト的な理解」がなければ、何の意味もなく、

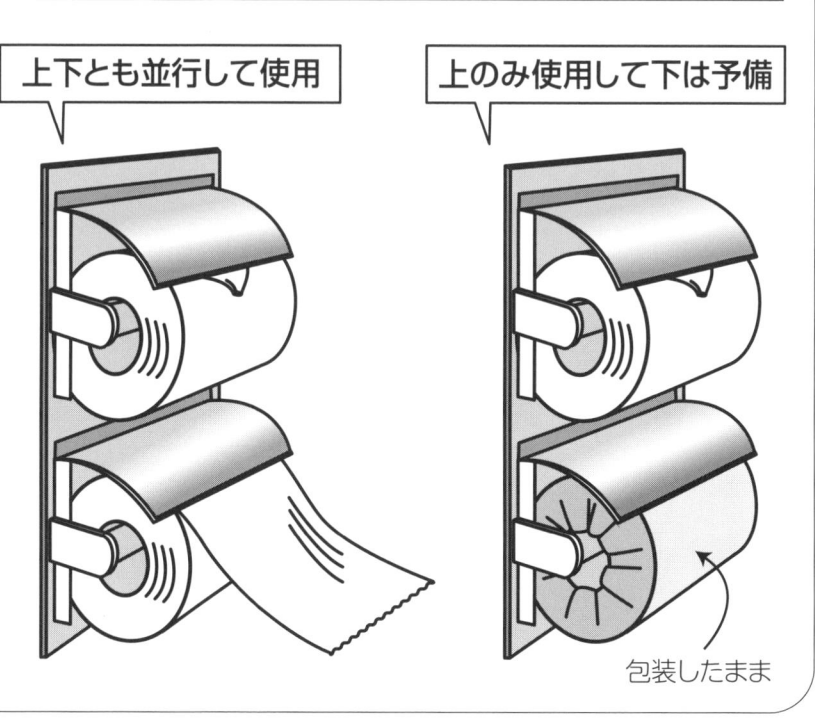

どちらが
ダメージ・コントロール改善か?

上下とも並行して使用

上のみ使用して下は予備

包装したまま

まったく「ムダ」になってしまう――という「典型的な見本」である。

かつて、「どのように活用するか」という「ソフト思考」を欠いたままで、とにかく、「建物や設備」をつくるという「箱モノ行政」が横行した。

それと、まったく同じこと、つまり、「使用法＝ソフト的思考」を欠如した「2段・ホルダー」だけが、多くの施設のトイレにて、今なお、横行している。

せっかくの「ハード」も、それらを活用するための「ソフト」の理解がなければ、その「機能」を充分に発揮できず、まったく「ムダ」となる。

☆

一方、「ひとつ」が「包装のまま」となっていると、どうだろうか。

よほどの「変人」か、「変質的・非常識の人」でもない限り、「使えるようになっているペーパー」から使うだろう。

けっして、ワザワザ、包装を破って

31　第2章　改善のレベルUPノウハウ

どちらからでも使える
並行的に減っていく
すると、
ある時、突然!!

あっ 紙がない！

「ても化」で「迷わナイ化」の改善

「2つのペーパー」が並行的に減っていくタイプだと、「2つ」とも中途半端に減っている場合、「取り換える係の人」は、

* 「今、取り換えるべきか」
* 「それとも、次回でもいいか」

——とハムレットのように迷い、悩むことになる。

使うなど「余計な手間のかかること」はしないだろう。

そのため、「包装のまま」のペーパーは「予備」として、ちゃんと保存されている。

すると、たとえ、「ひとつのペーパー」が、なくなっても、予備のおかげで、「悲劇」を避けられる。

これが「ダメージ・コントロール」の利いた「正しいペーパーの設置法」である。

32

「上」から使う（「下」は予備）
だから、たとえ「上」がなくなっても大丈夫

よかったぁ～

アタマの中で、「2つのペーパー」の「残量の合計」を計算して、通常の「平均的な使用量」との比較から判断しなければならない。

「変数が2つ」あると、その計算と判断は非常に複雑になり、

* 「これで、大丈夫だろう──」
* 「いや、待てよ、やはり──」

などと、「迷い」が生じる。

「迷い」を伴った仕事は、いつか、必ず「悲劇」をもたらす。そのため、できるだけ「迷わナイ化」するのが「改善的な対処法」である。

一方、「もう・ひとつのペーパー」が「包装のまま」となっているタイプは、どうだろうか。

「ひとつ」のペーパーの減り具合が「どの程度だと取り換える」という「単純明快な基準」に従えばいいので、もはや「迷う」ことはない。

なにしろ、「2つの残量」の合計を「計算→判断」などという複雑なことをしなくていいのだから。

「ても化」の改善

ダメージ・コントロール
被害、損害の「食い止め化」

→ **安全化**　　→ **安心化**

| 不安なし | ⇒ | 過剰反応なし |
| ムダなし | ⇒ | 仕事の快適化・適正化 |

「ても化」の改善で「過剰反応」の防止

もちろん、トイレの「使用状況」やペーパーの「消費状況」には、変動がある。「想定外の状況」の発生もあるだろう。

だが、「予備のペーパー」が完全に保存されていれば、そのような変動や異常事態にも対処できる。

これが、たとえ「想定外のこと」が発生しても、対応できるようにという「ても化」の改善、つまり、「ダメージ・コントロール」の利いたより良い改善である。

また、「迷い」によって悲劇が発生して、クレームがついた場合は、必ず「過剰反応」が発生する。

つまり、「取り換える係の人」は「悲劇やクレームの再発」を恐れて、できるだけ早目に取り換えようとする。充分に残量があるにもかかわらず。

「迷わナイ化」「迷わせナイ化」はエコロジー的改善

> **お客様へ**
> 片方のペーパーから
> お使いくださいますよう
> お願い申し上げます。
>
> 私どもは限りある資源を大切に
> 利用しています。

これもまた、「迷い」が、もたらす多大な「ムダ」である。

とにかく、「仕事における迷い」は「ムダ」や「悲劇」など「諸悪の元凶」である。

一方、「もう・ひとつのペーパー」が「包装のまま」となっているタイプは、どうだろうか。

たとえ、「ひとつ」がなくなっても、予備が確保されているから安心だ。それゆえ、「過剰反応」もない。

また、「ひとつ」のペーパーを使い切ってから、それから「予備」を使うので、「ムダ」は発生しない。

「迷わナイ化」、あるいは、「迷わせナイ化」という改善は「エコノミー的」であると同時に、まさに「エコロジー的」な改善でもある。

そのことをアピールするため、なぜ、「ひとつ」のペーパーを包装したままにしているのか——という説明文書を添付しているホテルもある。

4 「レベル・アップ事例教材」による「より良い改善」への改善のレベル・アップ

「改善的・改善の質の向上法」とは、一発で、「より良い改善」にレベル・アップさせるのではなく、

① 「とりあえず改善」
② 「もっと改善」
③ 「さらに改善」

—のように「小さな変更＝小変」の

※ 「積み重ね」
※ 「組み合わせ」

—によるものである。

つまり、「ホームラン」ではなく、ヒットの「積み重ね」＆「組み合わせ」が、「改善的な改善のレベル・アップ法」である。

それを「実感→納得→理解」してもらうには、それらの「事例集」を編集・加工して「教材化」した、

① 「連続改善・事例教材」
② 「複合改善・事例教材」

—など「レベル・アップ事例教材」の作成と、それらを基にした説明や研修が勧められる。

「改善レベル・アップ事例教材」は「3つのタイプ」がある。それは、

① 「やってダメなら、また改善」
② 「やって良ければ、もっと改善」

③ 「マネて、パクって、ちょいと改善」—である。

① やってダメなら、また改善
それでもダメなら、また改善

改善は最初から「うまくいく」とは限らない。「良かれ」と思ってやった改善が「裏目」に出ることもある。自分はラクになっても、他人に迷惑をかけることもある。また、ひとつの問題が解決しても、別の問題が発生することもある。

36

レベル・アップ 事例教材

- 複合改善
- 連続改善
- 組み合わせ改善
- 積み重ね改善

① やってダメなら、また改善
② やって良ければ、もっと改善
③ マネて、パクって、ちょいと改善

そのような場合、改善が定着していない職場では、

「オマエが余計なことをするからだ」
「どうして、くれるんだ」

などと「改善した人」を責める。このような職場では、やがて、誰も改善しなくなるだろう。

しかし、「改善の盛んな職場」では、そのような場合、

「やってダメなら、また改善」
「それでもダメなら、また改善」

——という声が出てくる。

この世の中には、

「やってみなければ、わからない」
「やってみれば、わかる」

——ということが多々ある。

改善も同様だ。それゆえ、最初から「最善・完全の改善」にとらわれると、何もできなくなる。

もちろん、「大掛かりな変更＝大変＝改革・変革・革新」などの場合は、慎重に、計画的に、取り組まなければならない。

37　第2章　改善のレベルUPノウハウ

だが、「たかが改善＝小変」は気楽に、手軽に、とりあえず、やってみるべき。

そして、やってダメなら、また改善すればいい。「改善＝小変＝小さな変更」ゆえ、いくらでも「やり直し」ができる。

②やって良ければ、やって良ければ、さらに改善

もちろん、すべての改善が裏目に出るとは限らない。最初から、うまくいく改善もある。

だが、そこで満足することはない。やって良ければ、もっと、改善すればいい。

すると、もっと「やり易化」となる。やって良ければ、さらに改善すればいい。すると、さらに「ラクちん化」ができる。

なお、これらは「同一人物」による「レベル・アップ」でなければ──とい

うわけではない。

「別の人」との「リレー改善」、あるいは「バトン・タッチ改善」でもいい。むしろ、そのほうが、もっと、さらに改善が進む。

改善を「やりっ放し」にせず簡単な「改善メモ」に書き出すのは、そのような「リレー改善」や「バトン・タッチ改善」を奨励するためでもある。

③マネて、パクって、ちょいと改善

「他者・他職場・他社・他業種・他職種などの改善」をヒント・参考にして、「自分の仕事」を改善したという事例。

「マネ・パクリ」という言葉がイヤなら「他人の知恵・活用改善」と言ってもいい。

それこそ、「○○活用」という「改善の定石」における「最もレベルの高い応用・改善事例」である。

「レベルの記入」で「レベル・アップ教材化」

「事例」をかき集めただけでは、単なる事例集に過ぎない。

それらを「選択→分類」し、そして「改善事例・教材」を記入することで、初めて「改善の定石」を記入できる。

「改善事例のレベル・アップ教材」も同様である。それらを「選択→分類」して、「3段階のレベル」、つまり、

① 「ない化」（防止）
② 「にく化」（難化）
③ 「ても化」（緩和）

これらを活用した研修で、

① より良い改善とは何か
② 改善のレベル
③ どのように「レベル・アップ」すべきか

──など「実感→納得→理解」できる。

ことで、初めて「改善指標」を記入することで、初めて「改善のレベル・アップ教材」となる。

改善のレベル・アップ
事例教材の3タイプ

①やってダメなら、また改善
それでもダメなら、また改善

「すべての改善」が、一発で、うまくいくとは限らない。
・改善が裏目に出て、改悪となることもある。
・また、「別の問題」が発生することもある。

改善マインドのある職場では、そこで
「やってダメなら、また改善」という声が出てくる。
　　　　　　　　　そして、別の角度から、別の方法を考える。

②やって良ければ
さらに改善、もっと改善

改善は1回で終わりではない。一発で問題解決されるわけでもない。ある程度は解決されたが、完全ではないということが多い。

「別の角度」から、「別の改善」を積み重ねることによって、
「別の要因」を除去して、
　「より良い改善・根本的な改善」に近づくことができる。

③他の改善をヒント・参考に
マネて、パクって、さらに改善

改善はモノマネ歓迎。良いアイデアをドンドン取り入れるのが改善。他業界・他社・他職場・他者の改善をヒント・参考に、あるいは
　マネて、パクって、さらに、もっと改善した事例

第3章

「斜め化」で改善のレベルUP

① タテ ➡ ヨコ ➡ 斜め
② アレ ➡ これ ➡ ソレ
③ 3面・3次元発想

１ タテ→ヨコ、さらに「斜め化・傾け化」で改善のレベル・アップ

「簡単な改善」をバカにした言葉に

「縦のものを、横にしただけ」
「右のものを、左にしただけ」

——などがある。

しかし、「タテのものをヨコにしただけ」で、少しでも「自分の仕事」の「やりやす化」ができたら、それは「立派な改善」である。

ところが、「改善のデキナイ人」は

「縦のものをヨコにする」
「横のものをタテにする」

——ことすら、しない。

あるいは、そんな「簡単なこと」す

ら、考えない、思いつかない。

そして、

「今まで、縦だったから」
「昔から、横だったから」

——などと言って、いつまでも、

「縦のものを、タテのまま」
「横のものを、ヨコのまま」

——と、「惰性的な仕事のやり方」を続けている。

まさに、「マンネリの極致」である。

改善は、とりあえず、

「縦のものを、ヨコにする」
「横のものを、タテにする」

——ことから始まる。

「タテ→ヨコ」さらに「斜め化」の発想

しかし、「改善の達人」は、そこで止まるものではない。

① 「縦→ヨコ」
② 「横→タテ」

——ときたら、次には「斜め」という「第三の発想」が出てくる。

「ナナメの発想」はタテ（垂直）とヨコ（水平）を足して、割ったようなも

42

「よこ・水平」と「たて・垂直」を足して割ったのが「斜め」

よこ（水平）に置く・重ねる
長所　保存．安定化
短所　下のものを取り出すのに手間がかかる

たて（垂直）に立てる・吊す
長所　探しやす化
　　　取り出しやす化

立てる　　吊す

「斜め」にする・傾ける
さらに　　いっそう
　　わかりやす化
　　探しやす化
　　取り出しやす化

斜めにする　　傾ける

の。だが、その効果には「あなどれないもの」がある。

横（水平）は「置く・重ねる」という「保存・安定化」には効果的だが、機動性に欠ける。

特に、「積み重ね」てしまうと、下に何があるか、わからなくなる。しかも、「下のモノ」を取り出すのに「余計な手間」がかかる。

そのような不都合を解消するには、「水平→垂直化」、すなわち、

「立てる」
「吊す」

——など「ヨコのものをタテにする」という改善が必要だ。

それによって、

「探しやす化」
「取り出しやす化」

など「仕事のやりやす化」ができる。

そして、「横→縦」に加えて、さらに「斜め化・傾け化」という第三の工夫を加えれば、もっと、

※「見やす化」

※「わかりやす化」
※「取り出しやすい化」
――など、さらに「やりやす化」となる。

「体」を傾けるか「作業台」を傾けるか

作業台が「水平」だと、作業者は上体を傾けて、仕事をしなければならない。

そのような「不自然な姿勢」は疲労をもたらし能率低下となる。

そこで「作業台」を少し手前に傾けるとどうだろうか。上体を傾ける必要がないので、作業が非常に「ラクちん化」される。

「体」を傾けるか、「作業台」を傾けるか、それによって、作業能率や疲労度は大きく異なってくる。

「上体や首」を傾ける場合、その間、ずっと筋肉を緊張させていなければならない。

だが、「作業台」を傾けるのなら、

「補助台」や「留具」「補助具」を使うだけでいい。

「自然な姿勢」で仕事ができるので、余計な「筋肉の緊張や疲労」もない。どちらが、快適で、効率的な仕事ができるか、言うまでもないだろう。

しかも、その「違い」は作業時間が長くなるほど、拡大する。そのため「作業の能率や安定性」などに大きな違いをもたらす。

ワザワザ集めるか自動的に集めるか

「転がりやすい部品」などを使う場合、「水平の作業台」では、それらをワザワザかき集めなければならない。

だが、作業台を少し傾斜させれば、部品は低いほうへ集まる。よって、もはや「かき集める」という余計な作業は不要となる。

また、「水を使う作業」などでは、「作業台」を少し傾けておけば、重力に

よって、「余分な水滴」などが自動的に集めたり、排水できる。

ところが、作業台が「水平」だと、水滴は各所に分散する。そのためワザワザ拭いたり、乾燥させるなど「余計な手間」がかかる。

食品工場など、とりわけ「清潔化・衛生化」が強く求められる職場では、このような「排水化」や「乾燥化」の工夫が勧められる。

また、塗装や洗浄などで「濡れた部品や製品」の「水切り」や「乾燥」の際にしても、「横=水平」に吊したり、置くのではなく、

「斜めに吊す」
「傾けて立てる」
――が勧められる。

なぜなら、水平にすると、全体に水滴が分散する。そのため、塗装にムラができたり、また、乾燥効率も悪くなる。

だが、「斜め化・傾け化」すれば、水

カゴを『斜め』にすることで取り出しやす化

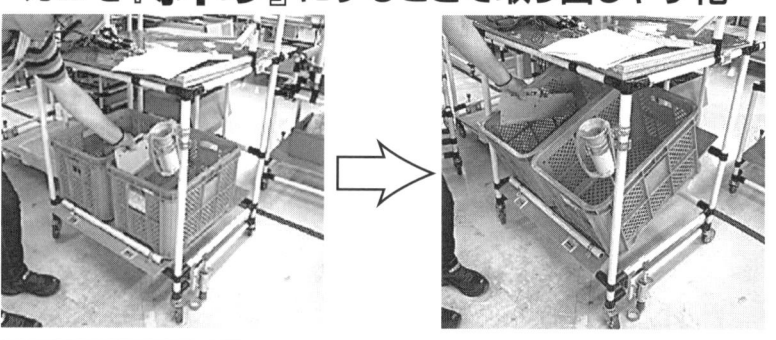

作業台を『傾ける』ことで作業のやりやす化

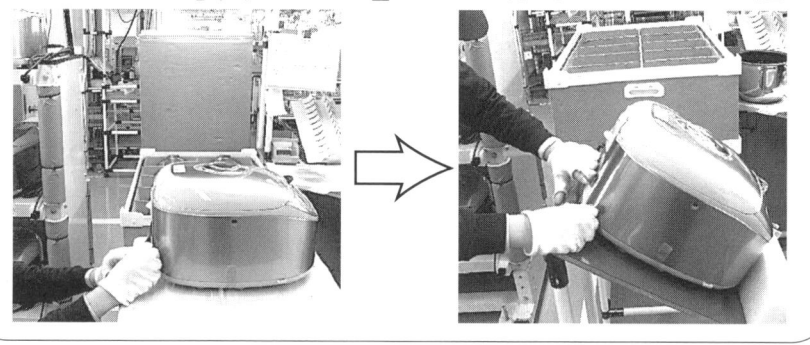

「ローラー・コンベア」を傾けて自然に移動させる

水平の台に置いておくと
底にある部品を
かき集めなければならない。

台を**傾ける**と
部品は低い方へ集まる。

↓

かき集める作業は
不要になる。

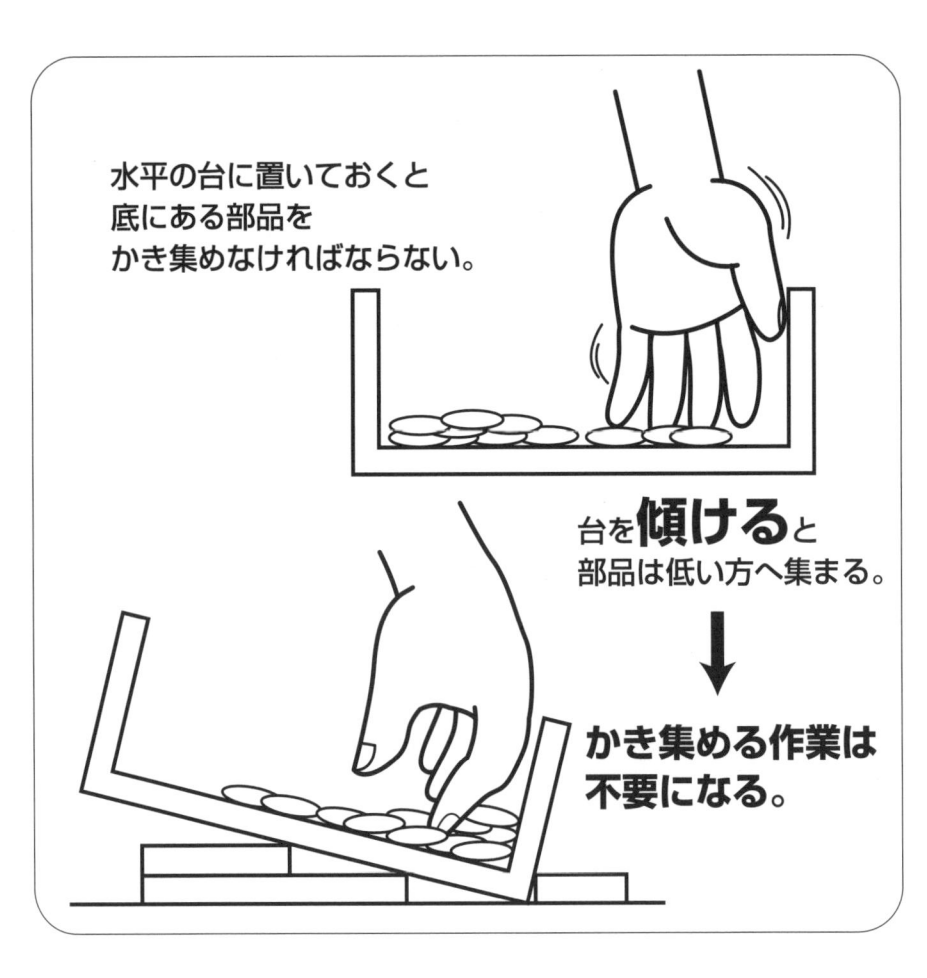

滴は部品や製品の角（コーナー）に集中するので、「水切り」や「乾燥」が「スムーズ化」される。

「斜め化→重力の活用」で仕事の「ラクちん化」

「部品箱」の「出し入れ」などに「傾斜ラック」を使えば、余計な手間をかけず、自然に「先入れ・先出し」ができる。

また、「ローラー・コンベア」で、製品や部品を「移動させる」場合も、角度を調整し、傾斜させることで、ワザワザ押さなくても、自然に移動させることができる。

このように、少し「傾ける」だけで、重力をうまく活用し、「余計な手間」を省くことができる。これが「斜め化・傾け化」による「改善的な手抜き」である。

タテ（垂直）とヨコ（水平）は、いわば「オン」と「オフ」のデジタルな

46

関係である。

ところが、「ナナメ」は「角度」を連続的に変更できる。その「傾斜角度」を調整することで、「重力」の影響を調整できる。

また、作業者の「姿勢・視線」、あるいは、「腕や手首の角度」などとの相互関係を微調整し、「やりやす化」の条件を整えることができる。

「見やす化」→「やりやす化」

水平に置いたままでは、見にくい、取りにくい——ということがある。そのような場合、改善をシナイ人は、「困りっ放し」のまま。

だが、改善をする人は、

「傾ける」
「斜めにする」
「角度を変える」

という発想が出てくる。

実際に、「作業台」や「記入台」を少し斜めにするだけで、作業や記入がずいぶんラクになるものだ。

また、「案内板」なども、斜めに設置されていると、ワザワザ覗き込まなくてもいいので、ラクな姿勢で見ることができる。

奥のほうにあるものを取る場合、身を乗り出さなければならない。だが、斜めにすれば、水平距離が短くなり、ラクに手が届く。

また、斜面や階段状に設置すれば、見やすく、探しやすくなる。

まさに、「困ったら、変えてみなはれ、変えたら、なんとかなりまっせ」ということだ。

バケツを**傾けて**
中の水滴を残さず排水

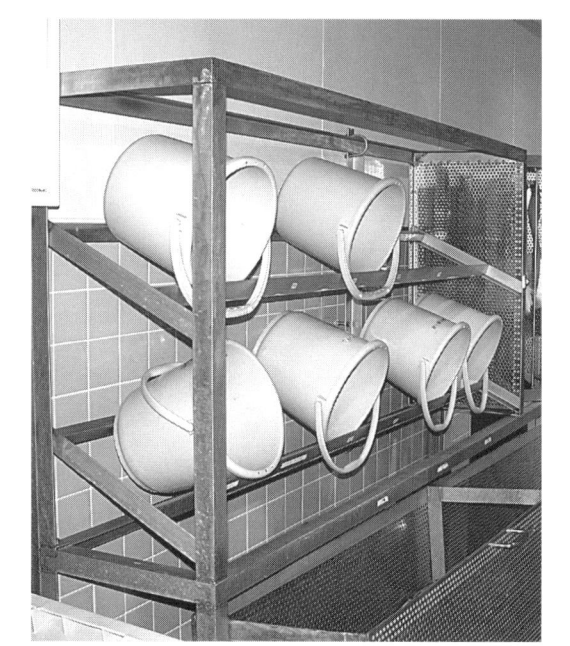

すっかり乾燥したバケツはおこしておく。

② 「部品皿」の「斜め化」の改善で「取りヤス化」→「やりヤス化」そして、「イライラしない化」

「斜め化改善」で、最も身近で、最も簡単なものは「部品皿の改善」ではないだろうか。

「小さな部品」、とりわけ、ネジなど「座金」や「硬貨」などのような「薄いモノ」を「平皿＝底が平な皿」に入れると、非常に取りにくい。

うまくつかめないのでイライラする。

「改善しない人」は、そこで何も工夫しないので、ずっと、そのような「イライラ作業」が続く。

だが、「改善マインドのある人」は「ちょっとした工夫」で、

「つかみヤス化」
「やりヤス化」
「イライラしない化」

──で、「仕事の快適化」を図る。

つかみにくい「原因」は？

では、「どのような工夫」をすれば、「小さな部品」や「薄いモノ」などの「つかみヤス化」ができるだろうか。

この場合の「つかみにくい原因」は、「平皿」の「底が平ら＝水平」という形状にある。

ならば、その形状を変え、たとえば「湾曲した皿」を使えばいい。指先で部品を軽く押さえ、外側へズラせば、「皿の縁」で、簡単につかめる。

これこそ、まさに「斜め化」の改善である。「底が水平＝横」で、周囲が「垂直＝縦」という容器（皿）では、部品をズラしても、側面にぶつかるだけで、なかなかつかめない。

だが、底が湾曲したり、斜めになっている器（皿）なら、「縦の壁」がないので、縁までズラせば、簡単につかむことができる。

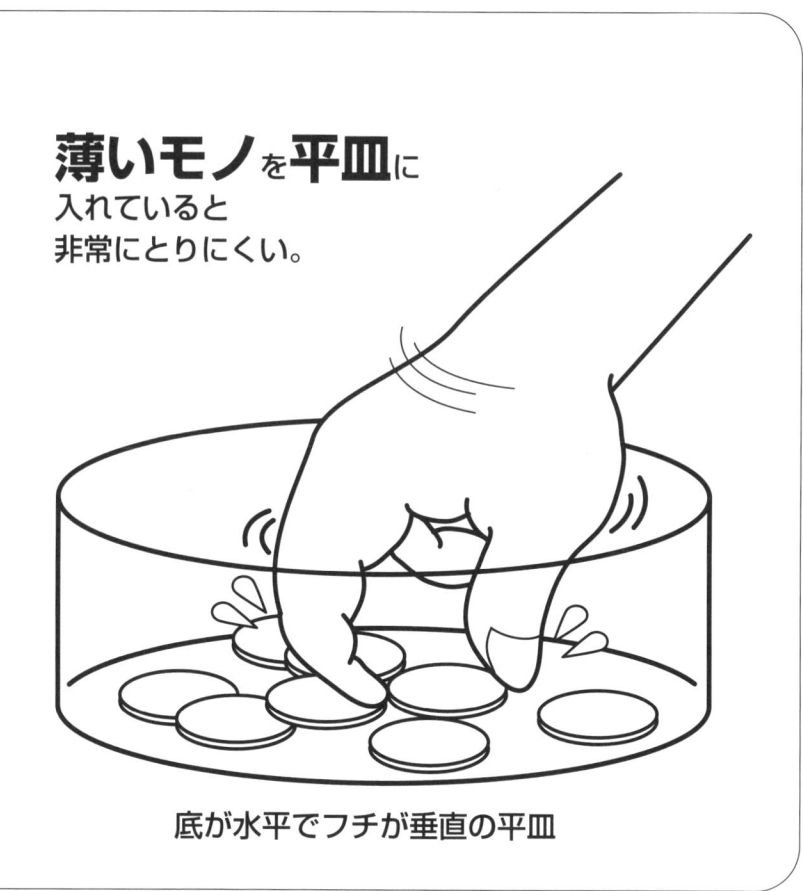

薄いモノを平皿に入れていると非常にとりにくい。

底が水平でフチが垂直の平皿

実際に、コンビニやスーパーのレジの「硬貨皿」の形状は、指先で硬貨をズラせるように「斜め」、あるいは、「湾曲」になっている。

「容器」がダメなら「容器の底」を変える

もっとも、いつも、そのような都合のいい容器（皿）が手元にあるとは限らない。

だが、「適当な容器」がないからといって、改善を諦めることはない。

そのような時は、

「アレがダメなら、コレで」

「コレがダメなら、ソレで」

——と、「別の角度」から「別の改善」を考えればいい。

この場合の「最も簡単な方法」は、「容器の底」に「スポンジ」を敷くということだろう。

スポンジの上に「部品」を置けばどうだろうか。指先で「部品の端」を軽

49　第3章　「斜め化」で改善のレベルUP

底が湾曲して**「斜め」**に
なっている皿は
フチまでズラせば
簡単に掴むことができる。

状況に応じた「手段選択・方法変更」を

つまり、「小さな部品」などの「つかみヤス化の改善」には、
① 「容器の底」の「形状」を変える
② 「容器の底」の「材質」を変える
——などのように「2つの方法」が可能である。

①は「容器の底の角度」を固定的に「斜め化」すること。それによって、部品をズラし、「容器の端」から突き出して、部品をつかみヤス化する。

②は「容器の底の材質」を弾力化すること。そして、部品を指で押した瞬間だけ、部品を「斜め化」し、つかみヤス化する。

く押すだけで、部品はスポンジの中に「斜め」にメリ込む。
すると、「部品の片方」が浮かび上がる。そのおかげで簡単につかめる。
これもまた「斜め化」の改善である。

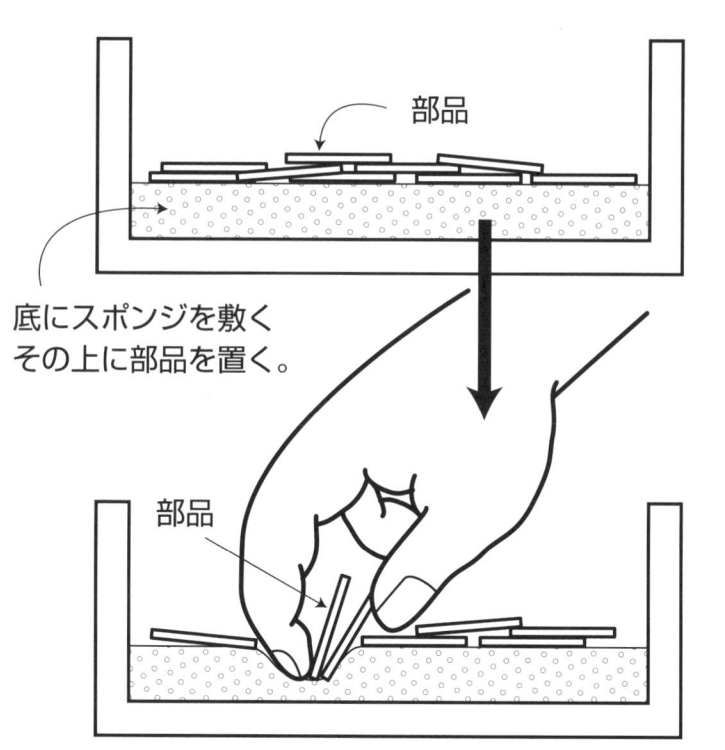

底にスポンジを敷く
その上に部品を置く。

部品

部品

○指先で部品の先端を押すとスポンジの中に「斜め」にメリ込む。
部品の片方が浮き上がり簡単に掴むことができる。

いずれにしても、「部品の斜め化」によって、「部品をつかみやすくする」という原理は同じである。ただ、その手段・方法が異なるだけ。

「どちらの方法」がいいか、それはその時の状況、部品のサイズや重さ、あるいは、容器や材料の入手の容易さなどによって異なる。

それぞれの「場面や状況」に応じて、「可能な範囲」で、「より良い方法」を選択すればいい。

もちろん、「底に敷く」べきものはスポンジだけでなく、ゴムや人工芝のようなものでもいい。

とにかく、弾力があり、指で押して、部品を「斜め化」できる材質であれば、何でもいい。

☆

改善の定義は「目的をより良く達成するためのより良い手段の選択、方法の変更」である。それは硬貨や部品の「つかみやす化」などのような「簡単なこと」にも、見出すことができる。

第3章 「斜め化」で改善のレベルUP

③片方が傘を高く上げ、
　もう片方が傘を低く下げる。

どちらが傘を
上げるか下げるか
決めなければならない。

「傘かしげ」で解決

相手のいない方向＝互いの外側に傘を傾ける（かしげる）

「傘かしげ」の発想

「狭い路地」を「傘をさした人」がすれ違う時、「路地の幅」よりも双方の「傘の直径の合計」が大きいと、互いにぶつかり合い前進できない。

この問題は、どのように解決すればいいだろうか。

マズ、考えられるのは、

① 「どちらか」がバックする
② 「どちらか」が傘をたたむ

——だが、これらは「一方の利益」は「片方の不利益」となっているので、とうてい「改善的」ではない。

「やり方」をちょっと工夫して、お互いに不都合をもたらさない、お互いが損をせず、両者が得する——というのが「改善的・対処法」である。

そこで、片方が傘を高く上げ、他方が傘を低くする——という方法が考えられる。

互いの傘の「高・低」、すなわち、

> 混み合った「立ち飲み屋」では
> 体を少し**「斜め」**にすることで
> 多くの客が酒を楽しめる。

別名「ダークダックス方式」
と呼ばれている。

「上・下の位置関係」によって、「路地の狭さ」という制約に対処するもの。

だが、あまり美しくない。また、どちらが、傘を上げるか、下げるかを決めなければならない。

そのような場合、お互いが遠慮し合ったり、逆に、張り合ったりして、ぶつかり合うことが多々あるものだ。

だが、日本には「傘かしげ」という情緒的な「美しい方法」がある。

それは「お互いの傘」を、少しだけ、「相手のいない方向＝互いに外側」に傾ける（かしげる）という所作（身のこなし）である。

「すれ違いの一瞬」、お互いが傘をちょいと傾けるだけで、スムーズに離合できる。

「斜め化」で「空間的な制約」に対応

「狭い、小さい」など、「空間的な制約」への対処には、このような「斜め

53　第3章　「斜め化」で改善のレベルUP

狭い駐車場では「斜め」駐車で

化・傾け化」が有効だ。

たとえば、「立ち飲み屋」のカウンターでは、「肩入れ」や「肩引き」という所作が勧められる。

こちらは「お互いの肩・肘」を張るのではなく、体を斜めにすることによって、「狭いカウンター」でも、より多くの酔客が楽しめるように——というう工夫である。

この「肩入れ・肩引き」の所作は、別名「ダークダックス法」とも呼ばれている。

「男性合唱団のダークダックス」がステージでは、いつも、斜めに並んで歌っていたことに由来すると言われている。

「幅の狭い駐車場」では、ラインを直角に引いてはならない。そのような「直角駐車」は、車の出し入れが難しく苦労する。

だが、斜線による「斜め駐車」なら、容易に駐車できる。これも「スペースの制約」を「斜め化・斜線化」という知恵による解決である。

狭いと直角駐車は苦労する

トラス構造＝三角形を組み合わせた骨格

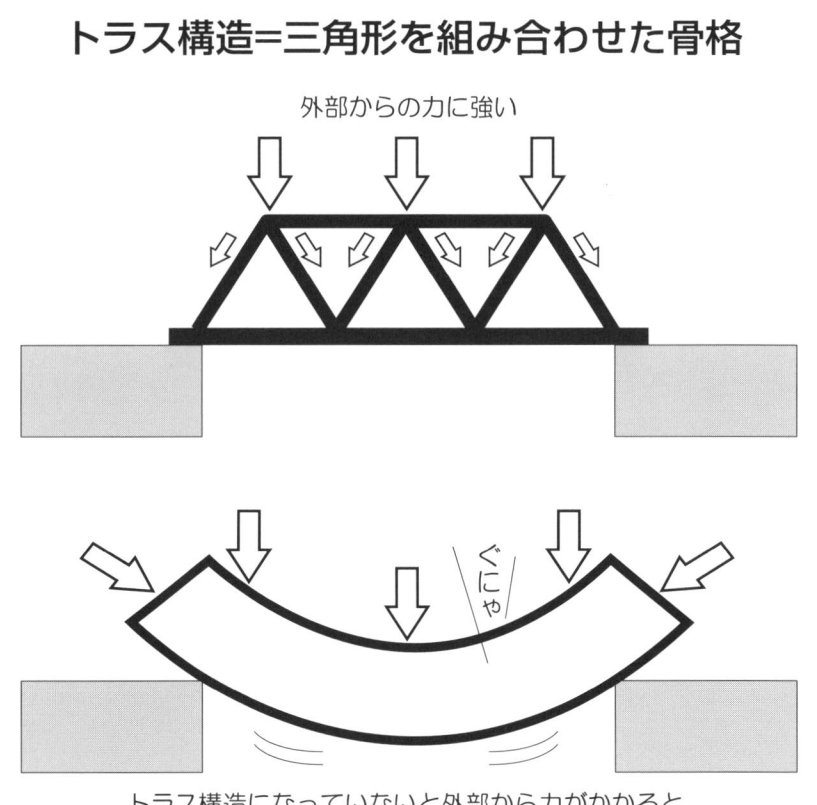

外部からの力に強い

トラス構造になっていないと外部から力がかかると、すぐに曲がってしまう。

補強としての「斜め化」

建物の補強として、「筋交い」というものがある。これは「柱＝タテ」と「梁＝ヨコ」に、「斜め」で構造を強化するもの。

「柱」と「梁」だけの「長方形」では、地震や暴風など外部からの力に対し、「平行四辺形」にひしゃげて、変形してしまう。

だが、「対角線状」に「筋交い」を入れて「三角形の構造」にすれば、変形防止の補強となる。

「筋交い」は一本だけでも、かなりの補強となる。だが、それに交差する「筋交い」を入れると、さらに三角形を組み合わせた構造となり、強度はもっと増加する。

この原理は建物だけでなく、橋などの構造物にも応用されている。このように「三角形」を組み合わせた構造物を「トラス構造」という。

第3章 「斜め化」で改善のレベルUP

「トラス構造」は、「クレーンの腕」や東京タワー、高圧線の鉄塔などにも応用されている。

自然の中にも「斜め化・トラス化」が

「トラス構造」は人工の構造物だけでなく、自然界にも見られる。たとえば、「鳥の翼の骨」もトラス構造となっている。

「軽く・強い」という「空を飛ぶ鳥」にとって最も必要なことが、「斜め化→トラス化」によって、見事に実現されている。

「鳥の先祖」と言われている「恐竜の化石の骨格」も、やはりトラス構造になっている。

わかりやすく言えば、恐竜はクレーンなどのようなトラス構造物に、肉や皮を盛りつけたようなものである。

これも「巨大化した体」を支えるための「自然の知恵」である。

「地軸の傾き」による変化・変動・律動

「斜め化の効用」はイロイロあるが、最も大きな「地球的規模」の効用は、「地球の自転軸」が、太陽を回る公転面に対して直角ではなく、少し傾いていることだろう。

これによって、「太陽との角度」が日々変化する。おかげで、季節の変化など享受できる。

このことからも、「ゆるやかな変化」をもたらすには「斜め化・傾け化」が有効であることがわかる。

電源線の架線方法

その典型的な応用例は、新幹線などの「電車の電源線の架線方法」だろう。

「電源線」を線路に並行して張ると、「パンタグラフ」と「電線の接触点」は固定されるので、すぐに、発熱→破損してしまう。

だが、電源線を線路に対して角度をつけ、斜めに張れば、パンタグラフと電線の接触点は、電車の進行に伴い、少しずつズレていく。

そのため、パンタグラフは偏りなくすり減るので、何年でも、何往復でも使用できる。

☆

また、この原理を機械に応用したものとして「カム機構」や「ウォーム歯車」などがある。

「カム機構」は「真円を斜め化」し、「楕円や変円形」などに、シャフトを押し当てることによって、回転運動を往復運動に転化させる。

「変形の度合い＝斜め化の度合い」によって、「往復運動の範囲」や「律動間隔＝リズム」に変化をもたらすことができる。

「縦と横」では「カクカクした動き」となるが、「斜め化」すれば、「スムーズ化」や「連続化」が可能となる。

線路に対して電源線を**「斜め」**に張る

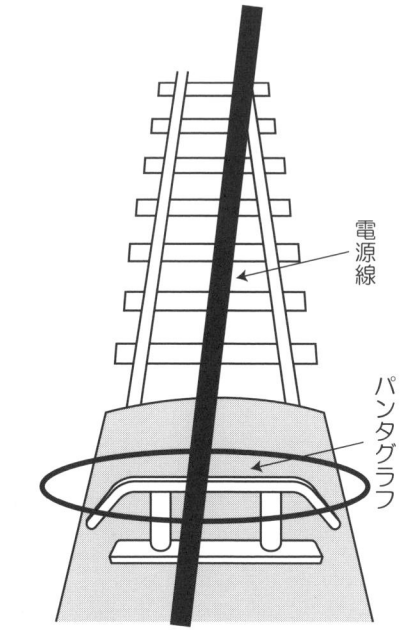

パンタグラフが全体的にすり減る

「電源線」を線路に対して少し角度をつけて「斜め」に張れば「パンタグラフ」と「電源線の接触点」は電車の進行方向に伴って少しずつズレていく。

線路に対して電源線が**「並行」**

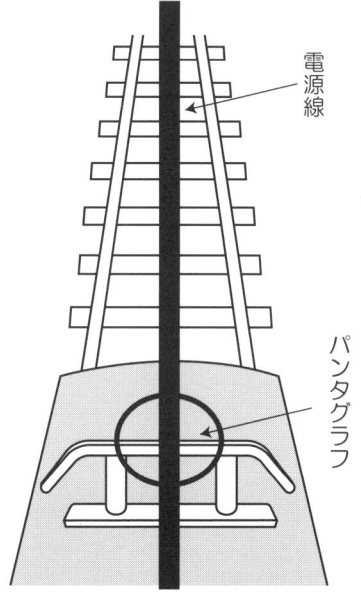

パンタグラフとの接触点が固定されると発熱⇨破損

「電源線」を線路に並行して張ると「パンタグラフ」と「電源線の接触点」は固定されるので、すぐに発熱→破損してしまう。

3 「たて→ヨコ→斜め」「アレ→これ→ソレ」3次元のレベル・アップ発想法

「より多くのアイデア」を出すには、

「複数の視点」からの

「複数の角度」による

「複眼発想やマルチ思考」

――が、必要だと言われている。

たしかに、「イロイロな角度」から、「様々なアイデア」を次々に大量に出すのが好ましい。

そうすれば、「時間・カネ・人・シガラミ・法律・慣習――」など、あるいは「職場の空気・雰囲気・風土」などといった「現実的な制約」にも対応でき、改善を実施できる。

だが、しかし、ただ単に、

「複数の」

「イッパイの」

「タクサンの」

「イロイロな」

「サマザマな」

――などと、「サマザマな形容詞」を並べても効果はない。

「より多く」というプレッシャーに負けてしまって、かえってアタマが働かなくなる。

あるいは、ただ単に「より多くのアイデア」を出すことが目的となって、

「アタマの体操的な遊び」に陥ってしまう。それでは「改善の実施」に結びつかない。

「現実的な対応」を重視する「手っとり早い改善ノウハウ」では、「複数・イッパイ・タクサン――」などの「抽象的な言葉」でなく、とりあえず、

① 「2面・両面発想」

② 「3面・3次元発想」

――の「2つ・だけ」が勧められる。

☆

「2面・両面発想」とは、モノゴトの「片面・だけ」でなく、必ず、反対側も

「手っとり早い改善ノウハウ」ではとりあえず

両面発想

３面発想

「見る・考える」という発想。

たとえば、

* 「メリット ←→ デメリット」
* 「アナログ ←→ デジタル」
* 「ローテク ←→ ハイテク」
* 「過去 ←→ 未来」
* 「バラバラ ←→ 統一化」
* 「まちまち ←→ 標準化」
* 「単純化 ←→ 多様化」
* 「集中化 ←→ 分散化」
* 「大変（改革）←→ 小変（改善）」

あるいは、もっと単純に、

* 「上 ←→ 下」
* 「縦 ←→ 横」
* 「前 ←→ 後」
* 「右 ←→ 左」
* 「硬 ←→ 軟」
* 「多 ←→ 少」
* 「高 ←→ 低」

——などの「対比」でもいい。

たった、それだけでも、少なくとも「片面発想」による「思考の硬直化」や「惰性・マンネリ」などを「防止・打破・脱却」できる。

「第三の発想」で改善のレベル・アップ

もっとも、「職場の現実」は「白か黒か」、または「オンかオフ」などの「二者・選択・だけ」では対応できないこともある。

そのような場合、勧められるのが、「第三の発想法」、すなわち「3面発想・3次元発想」である。

それは「2面・両面発想」に、それぞれ「中間」を加味したのもである。

* 「上 ←→ 中 ←→ 下」
* 「松 ←→ 竹 ←→ 梅」
* 「大変 ←→ 中変 ←→ 小変」
* 「過去 ←→ 現在 ←→ 未来」

——など。

これによって、発想が「立体的」になる。

59　第3章　「斜め化」で改善のレベルUP

「3策発想」で手っとり早い「改善実施」

「万策尽きた」、という表現がある。だが、実際には、けっして「万策」も考えたり、実施しているわけではない。せいぜい「数策尽きた」程度だろう。それどころか「1・2策」くらいではないだろうか。

「特殊部隊」の映画には、

──「プランAで行く」
「プランBに変更」
「プランCを準備」

などといったセリフが出てくる。「人質救出」や「強行突入」など、特殊作戦には必ず「A・B・C」の「3案・3策」が用意されている。

それは「状況の変化」に即座に柔軟に対応するため。ただし、必ず、3案まで。それ以上はない。

なぜなら、それ以上は即座に覚えら

れない。また、咄嗟の場合、役に立たないからだ。

「A・B・C」の3つのプランがダメな場合、即座に撤退。なぜなら、それ以上、深追いしても、作戦は成功しない。それどころか被害・損害を拡大するだけ。

「手っとり早さ」を重視する改善も、

──「特殊作戦の原則」と同様、「アレ・これ・ソレ」の「3案・3策」が勧められる。

そして、「アレ・これ・ソレ」でダメな場合は、そこで一旦、「停止・休止・保留・棚上げ」すればいい。

☆

もちろん、生涯かけて取り組むべき「大変」なことを実現させるには、まさに、「万策尽きる」まで、アレ・これ・イロイロやるべきだろう。

だが、「改善=小変=仕事のやり方をちょっと変える」には、とりあえず、「3案・3策」で充分。そのほうが手っとり早く実施できる。

れない。また、咄嗟の場合、役に立たないからだ。

☆

「発想法」というのは「道具」ゆえ、複雑過ぎたり、あるいは、あまりにも「多くの機能」のため、

＊「使えナイ」
＊「使いニクイ」
＊「使いこなせナイ」

──のでは意味がない。

たしかに、「大きな牛の肉」を切るには、大きな「牛刀」が必要だろう。

だが、「小さな鶏の肉」を切るのに、そんな「大袈裟な道具」を使うのは、「愚の骨頂」である。

日常業務における「簡単な問題」を「手っとり早く解決する改善」には、「大袈裟な発想法」などムダ。いや、それどころか、「有害」でもある。

「小変=改善」には、「2面発想」あるいは、せいぜい「3面発想」で充分だろう。

「シンプルな道具」ほど、使いやすく、また、手っとり早く、気楽に、手軽に使いこなすことができる。

60

改善実施&改善指導 には
3が必要 3で充分

改善とは**制約対応・現実対処**
時間・カネ・人手など現実的制約で
できナイ理由でなく
デキる方法を考えるのが改善

それには
「アレがダメなら、コレで――」
「コレがダメなら、ソレで――」という

アレ・コレ・ソレ の **3策** が必要

「縦がダメなら、横で――」
「縦も横もダメなら、斜めで――」という

縦・横・斜 の **3次元** が必要

改善＝小変は3策で充分。3策以内で
手っとり早くデキるのが **小変**

4策以上必要なものは **中変 or 大変** ゆえ
じっくり取り組むべし

第4章

手っとり早い改善の顕在化

① 100字以内・3分以内
② 要するに、メモ感覚で
③ 改善メモで定期点検

1 手っとり早い改善の顕在化で改善の継続→定着化→活性化

「改善研修」の「①②時間目」のプログラムは、だいたい、

① 「改善の意味・意義・定義」の説明
② 「具体的な改善事例」の紹介と研究

である。

つまり、「理論＋具体的な事例」の「組み合わせ」という構成。受講者のほとんどは「②時間目」の「事例研究」の段階で、

「なんだ、改善は簡単じゃないか」
「その程度の改善で、いいのか」

と、納得してくれる。

なにしろ、改善は、

① 「大変」でなく、「小変」である
② 「チャチなもの」ほど、良い改善
③ アタリマエのことをするのが改善
④ モノマネ・パクリ大歓迎

——なのだから。

そして、「そのような改善」ならば、自分も、実際に、すでに、いくらでも「やっている・実施している」と同意してくれる。

☆

ところが、その改善を、

「簡単に、書き出してください」
「改善メモに、書いてください」

と、お願いすると、態度が変わる。誰もが、いっせいに、

「イヤだ」
「忙しい」
「メンドウだ」
「時間がない」

——などと、言い出す。

つまり、「その程度の改善」ならば、実際、いくらでも「やっている」のに、それらを「書き出してくれ」と言うと、イヤがるのだ。

だが、それらの声に負けてしまうと、「せっかくの改善」が「やりっ放し」になってしまう。

すると、

＊「その人だけ」の改善

改善はやっているが…

改善前(問題点) / 改善後(対策)

書き出してください！

書くのはイヤだ！苦手だ！

ワザワザ書かなくてもいいだろう

メンドウくさい
忙しい
そこまでしなくても…

(絵や図を簡単に)

効果

* 「その職場だけ」の改善になってしまう。

そして、
* 「改善」が拡がらない
* 「改善」が続かない

という状況に陥ってしまう。

これほど、「もったいナイこと」はない。「改善＝小変」は、「ちょっとした仕事のやり方の変更・工夫」に過ぎないので、

* 「一部の人」の改善
* 「一時的」な改善

——では、その「成果と威力」を充分に発揮デキない。

「小変」ゆえ、個々の改善の効果は「たかが改善」に過ぎない。しかし、それらが、「すべての職場」において、「すべての社員」によって、日常的に、継続的になされると、その集積効果は「されど改善」となる。

それゆえ、改善活動の盛んな企業、あるいは、改善活動が「継続→定着化→活性化」している会社では、

― という「改善のサイクル」が繰り返されてる。

① 改善の「実施」
② 改善の「顕在化」
③ 改善の「共有化」

「改善の実施」はカンタン

「改善の実施」そのものは、非常に簡単である。なぜなら、改善は、

① とりあえず、「デキること」から
② 「デキナイこと」は後回し
③ 「大変」でなく「小変」

――なのだから。

「改善の意味・定義」を理解すれば、「その程度の改善」なら、すでに、かなり、日常的にやっている――と誰もが同意してくれる。

すると「改善活動」における問題は、「②顕在化」と「③共有化」だけ。

このうち、「③共有化」は、もっぱら、改善の「継続→定着化→活性化」のカギは、改善顕在化の、

① 「WHY」の「説明→納得」

② 「HOW」の「習得→実践」

にかかっている。

特に、重要なのは、

「どうすれば、
 *手っとり早く
 *気楽に
 *手軽に
 *簡単に
 *改善を書き出せるか

ということである。

なぜなら、いくら「WHY」をアタマで理解しても、それが「手間のかかるもの」だと、結局は続かない。

最初はナントかやっていても、忙しくなると、ついつい「後回し」になり、やがて、誰もやらなくなる。そして、改善活動は「開店休業」となる。

☆

だが、「②顕在化」は「全社員」にかかわることゆえ、少しヤッカイだ。

どの会社も、「改善をやりっ放し」にせず、「簡単に、書き出してもらう」ことに、最も苦労している。

なぜなら、

① 「ナゼ、書き出す必要があるのか」
② 「どうすれば、簡単に書けるのか」
――という顕在化のための「WHY」と「HOW」をうまく説明デキないか、または、その「ノウハウ」が欠如しているからだ。

要するに、改善の「継続→定着化」に転化するためである。

なぜ、ワザワザ改善を書き出すのか、それは「無意識の改善」を「意識的な改善」に転化するためである。

「その程度の改善」など、誰もが、無意識にやっている。だが、「やりっ放

「改善顕在化」のための「WHY」と「HOW」

だから、「担当者」さえ、「共有化」の意義や必要性を理解して、意欲的・積極的に取り組んでくれれば、それで問題は解決だ。

改善事務局など改善を推進すべき部署の仕事である。

ワザワザ改善を書き出す

Why
① 「無意識の改善」を「意識的な改善」へ
② 「一時的な改善」を「継続的な改善」へ
③ 「一部の人の改善」を「全社的改善」へ

How
① 手っとり早く
② 手軽に
③ 気軽に

し」では、それでオシマイ。それ以上の発展はない。

「一時的・単発的・偶発的な改善で充分だ。それ以上の改善など不要である」というのならば、ワザワザ、改善活動などする必要はない。

しかし、どの会社でも「せっかくの改善」を「やりっ放し」にしないで、それらを、「次の改善」への起爆剤とすることで、

＊「さらに改善」
＊「もっと改善」
＊「ずっと改善」

——という「継続的な改善」を必要としている。

そのため、多くの会社がワザワザ、「改善制度」という「しくみ」を作り、「無意識改善」を「意識的な改善」に、「偶発的な改善」を「継続的な改善」に「転化→発展」させようと改善推進という「しかけ」を展開している。

67　第4章　手っとり早い改善の顕在化

2 改善は100字以内・3分以内で簡単に手っとり早く書き出せる

「簡単な改善」を、手っとり早く、簡単に書き出すのは、けっして難しいことではない。

改善の「書き出し」は「3分間」でデキる。いや、「3分以内」でデキる。

なぜならば、「改善顕在化」には「3分以上」の時間をかけてはならない。

必要なことは、

① 「改善前（問題点）」
② 「改善後（対策）」
③ 「効果」

——の3点だけである。

「改善用紙の様式」には、各社それぞれのスタイルがある。だが、最低限必要なのは、この「3項目」だけ。

もちろん、これらを詳しく書こうとすれば、いくらでも書けるだろう。だが、「改善」は、けっして、詳しく書いてはならない。

詳しく書かれると、「読む」のに時間がかかる。つまり、「書くほう」にも「読むほう」にも、お互いに「多大な時間」がかかる。

こんな「ムダなこと」は断固として「やめる」のが改善だ。

改善用紙の「3つの各欄」は、それぞれ「10字・以内」、つまり、「合計30字以内」がベストである。

もっとも、改善は「ベスト」にとらわれてはならないので、少し譲歩しても「100字以内」とすべきだ。

けっして、「100字以上書いてはならない。「100字以上」書かれている改善用紙は「減点」すべきだ。それは、「貴重な時間」のムダ使いなのだから。

とにかく、「報告は簡単・簡潔に」というのが業務改善の原則である。ならば、「業務改善・報告書」も、その原則に従って、「100字以内」で、簡単・簡潔に書き出すべきだ。

「要するに」と呟き、「要点」を書き出す

「100文字・以内」ならば、どんなにゆっくり書いても、「3分」はかからないだろう。

では、改善を「100字以内・3分以内」で書き出すには、どうすればよいか。

それは、「要するに」という言葉を呟きながら書くこと。「要するに」と呟くと、文章が短くなる。

「要するに」で、要点が明確になり、文章が圧縮されるので、100字以内に収まってしまう。

☆

ところが、このように、改善は、
① 「要するに」と呟きながら、
② 「100字・以内」で
③ 「3分間・以内」で
手っとり早く、書くべし——と説明すると、必ずといっていいほど、

改善報告書

改善前(問題点)	改善後(対策)
こんな問題があった	このように改善した

効果

要するに──
と呟きながら
次に改善策
を書き出す

「せっかく書くのだから、やっぱり、詳しく書いたほうがいいのでは──」という意見が出てくる。

だが、改善は、けっして詳しく書いてはならない。なぜなら、「改善」は「簡単なこと」だから。

「簡単なこと」を詳しく書かれると、何がナンだかわからなくなる。改善の「要点」がつかめなくなる。

「簡単なもの」は、簡単に書くのが、最もわかりやすい。

しかし、このような説明に対しても「やはり、詳しく書かないと、わかりにくい改善もあるのではないか──」という反論が出てくる。

もちろん、そのような改善もあるだろう。だが、それは「例外」である。

野球でも、「ヒット」を打つつもりが、ホームランになることもある。そんな場合は、「例外対応」として、詳しく書いてもいい。

だが、改善の大多数は「小変」であ
る。とにかく「簡単なもの」は「簡単

要するに——

改善報告書

改善前(問題点) / 改善後(対策)

要するに こんな**問題**があった

要するに このように**改善**した

要するに こうなった

要するに…
要するに…
要するに…

に書く」べき。

☆

しかし、このようなことを、いくら説明しても、「言葉だけ」では、なかなか理解されない。

「そうは言っても——」
「実際は——」
「現実は——」

という声が出てくる。

だが、「改善の指導・説明」は、けっして「言葉だけ」ではない。必ず、「具体的な事例・実例」が伴う。

それによって、誰もが、改善は、

◎「簡単なほうが、わかりやすい」
◎「100字以内で、充分にわかる」
◎「3分以内で、書ける」

ことを「実感→理解→納得」デキる。

たとえば、次頁は、ある会社の改善用紙である。「多くの文字」がぎっしり書かれており、見るのもイヤになるだろう。

いったい、「何」を、どうしたのか。「どのような改善」なのか、サッパリわ

71　第4章　手っとり早い改善の顕在化

```
テーマ：
ヘルメット前部透明防風板にシリコンエックスの塗布
```

現状

雨降りの時ヘルメット前部防風板に水滴が付着し前方がかなり見えにくい状況であり、雨降りになるといつも危険がつきまとっている状態で走行している現状であるため透明板にシリコンエックスを塗布する。

改善前

雨降り時ヘルメット前部プラスチック製防風板に雨が付着し、その水滴が落下しにくくそのため前方視界がかない見くい現状き状態

改善後

自動車のフロントガラスに使用して、かないの効果があったためヘルメットの前部透明防風板にシリコンエックスを（市販のもの）を塗布して8月に3回が4回塗布し、シリコンをしみ込ませ現在も充分に効力がある。

読みにくい記入見本

　これを読んでいると、アタマが痛くなる。

　だが、この「改善の中身」は非常にスグれたものである。バイクで外回りしている社員が、雨の日、ヘルメットに雨滴がかかり、見にくいので、撥水剤を塗ってみたところ、視界が良くなり、安全になったという改善。

　せっかく「優れた改善」をしているのに、それをウダウダ、ダラダラと書いているから、読みにくく、わかりにくい。

　これを「要するに――」と呟きながら、書き直してみると、次頁のような記入見本になる。

　これなら、一目で、

◎「安全になった」
◎「見やすくなった」

――という「改善の要点」を「把握→理解」することができる。

☆

　このように、「改善」は、◎より「少ない文字」で

改善前(問題点)	改善後(対策)
ヘルメットに雨が付着し前方が見えにくく危険だった	前面にシリコンを塗布した

要するに…

簡単・記入見本

(絵や図を簡単に)

効果 風圧で水滴が飛び、よく見える。安全に運転できるようになった。

◎「より短い文章」で手っとり早く、書き出すのがいい。

簡単な「改善メモ」が「次の改善」につながる

「改善の顕在化」とは、けっして、「正式な文書」や「詳細な書類」を作成するという意味ではない。

むしろ、「改善メモ」といった感覚でいい。「メモ」なら、さっと、気楽に、手軽に、手っとり早く、書き出すことができる。

「簡単な改善」なら、誰でもやっている。それらを「やりっ放し」にせず、「改善メモ」として、「要点だけ」を書き出せばいい。

それら「改善メモ」を集めれば、即座に「改善メモ・事例集」ができる。それが「ヒント」になり、「参考」になり、「次の改善」につながる。

たった「それだけ」のことが改善を「継続→定着化→活性化」させる。

3 改善の顕在化の実習
6分で2件の改善を書き出す

実際に、簡単に書き出された「簡単な改善用紙」の実物を見せても、納得しない人がいる。

そして、
「現実には――」
「実際は――」
と言い出す。

現実に、実際に、実施され、それを「書き出した用紙」の現物を見ているのに。

世の中には、その「現物」を直視しないで、その「現実」を受け入れない人がいる。

そのような人には、いくら説明しても、いくら「現物」を見せてもムダ。それら「実際の現場」から目を反らし、「現実」を受け入れようとしないのだから。

そのような人には、実際に、改善してくれる。

☆

実際に、自分自身で、やってみれば、一発で、「実感→納得→理解」できる。
「他社・他職場・他人」の、実際の「改善事例」をいくら見せても、いくら説明しても、納得しなかった人でも、「自分自身の体験」なら、すぐ実感→納得できる。

「企業内・改善研修」や「公開・改善セミナー」の場合、
① 「改善の意味・定義」の説明
② 「具体的な改善事例」の紹介
③ 「改善の書き方」の説明
――の後、左頁のような「上下で2件の改善が書ける用紙」を配る。

そして、「6分間」で、今までの「自

「自分のやった改善」を、実際に、書き出してみると、今まで30分以上説明しても、けっして理解しなかった人でも、わずか「3分」で、完全に、納得

き出してもらうしかない。

「3分以内」で、「100字以内」で、書

改善前(問題点)	改善後(対策)

(絵や図を簡単に)

効果

KAIZEN やるきカエル へらす

改善前(問題点)	改善後(対策)

さあ
この用紙に
書いてみよう！

(絵や図を簡単に)

効果

75　第4章　手っとり早い改善の顕在化

分のたちの仕事」や「自分たちの職場」における「実施済みの改善」を「2件」、書き出してもらう。

「100字以内」が読みやすく・わかりやすい

だいたい「5分」くらい経過すると、かなりの人が、「2件の改善」を書き終えてヒマそうにしている。

そのような人には、「1件あたりの文字数」を数え、それを用紙の片隅に記入してもらう。

研修後に、「改善用紙」を回収して集計してみると、それらのほとんどは「50～100字」で書かれている。

そのくらいの「文字数」でも、

① 「何を」
② 「どうして」
③ 「どうなったのか」
——という「改善の要件」は、充分にちゃんと理解できる。

☆

もっとも、いくら、事前に、

① 「簡単に」
② 「100字以内で」
③ 「メモ感覚で」

——と、くどいくらいに説明していても、それでも、やはり、「大量の細かい文字」で、ぎっしりと、ダラダラ書いている人もいる。

だが、その「詳細に書かれた改善」と、「100字以内で簡単に書かれた改善」を比べてみると、どちらが、

＊ 「読みやすいか」
＊ 「わかりやすいか」

——そこには「議論の余地すら」ないくらい、誰が見ても、一目で、否応なしに「実感→理解→納得」できる。

☆

「6分・経過」したところで、書きかけの人にも、記入を中止してもらい、

「2件、書いた人」
「1件、書いた人」
——と質問する。

すると、だいたい「7～8割」くら

いの人が「2件・書いた」と挙手してくれる。

このように、簡単に「記入方法」を説明しただけで、いきなり、

「さあ、改善を書き出してください」
「改善を2件、書き出してください」

と言っても、かなりの人が、ちゃんと「2件」書き出してくれる。

日本HR協会では、約30年間にわたり「企業内・改善研修」や「公開・改善セミナー」を実施しているが、それには、必ず、この「6分で2件の改善の顕在化・実習」が含まれている。

その結果は、どの企業でも、どの会場でも同様である。かなりの人が、ちゃんと「2件の改善」を書き出している。

これが「現実」である。これが嘘偽りのない「事実」であることは、改善研修の受講者全員が、「証言」してくれるだろう。

また、6分間で「1件」しか、書き出せなかった人でも、実際に、鉛筆が

改善は3分以内で書き出せる

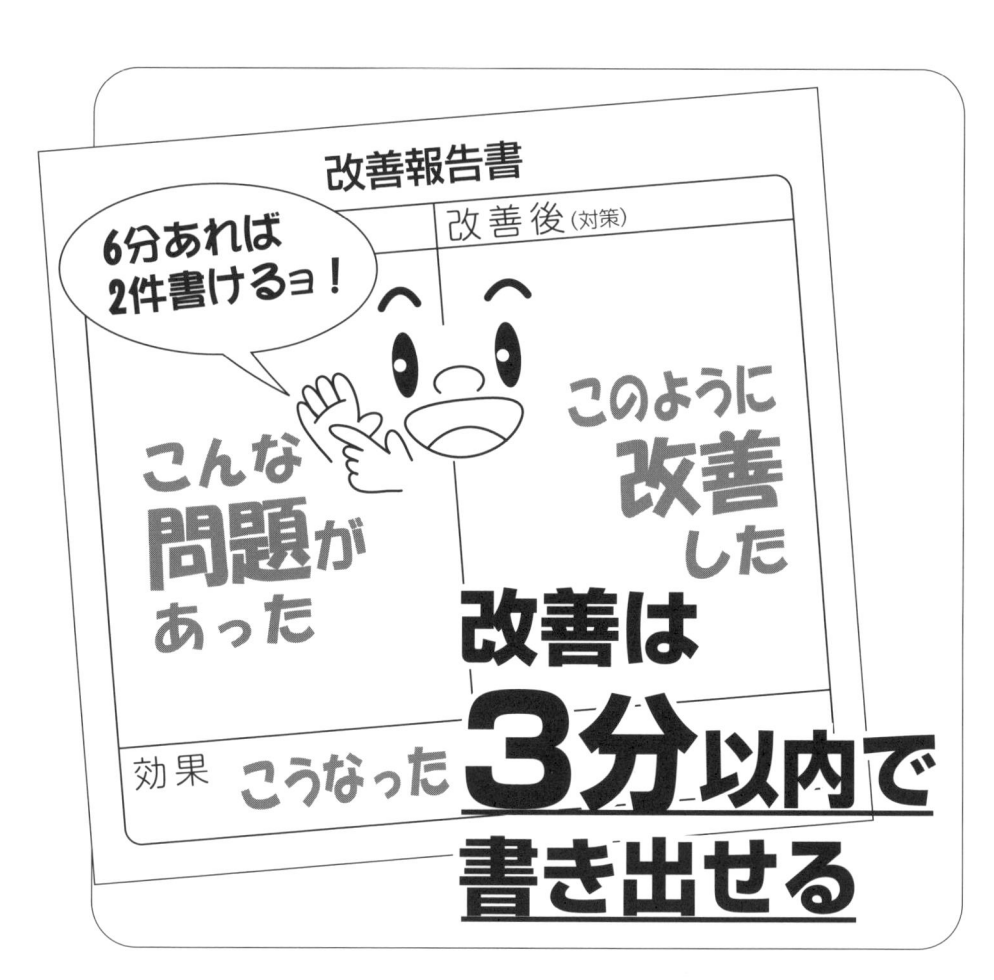

改善報告書
- こんな**問題**があった
- このように**改善**した
- 効果 こうなった

6分あれば2件書けるョ！

動いていた時間そのものは、けっして3分もかかっていない。

ただ、いきなり、

「さあ、改善を書き出してくれ」

「改善を2件、書き出してくれ」

——と言われたので、

「何を、書けばいいのか」

「どんな改善が、あっただろうか」

——を考えるのに時間をとってしまったに過ぎない。

あるいは、「1件の改善」は書き出せたが、「もう1件の改善」が、うまく思い出せなかっただけに過ぎない。

いずれにしても「書くべき改善」さえあれば、それらを「書き出すこと」そのものは、けっして「3分以上」かからない。

それは、実際に、自分自身で、この「6分で2件の顕在化・実習」をやってみれば、否応なしに「実感→理解→納得」される。

77　第4章　手っとり早い改善の顕在化

4 毎月1件の改善の書き出しは仕事のやり方の定期点検

「6分で2件の改善書き出し実習」を実際に、自分自身で、やってみると、「6分間」は、かなり長い時間であることがわかる。

そして、「自職場にて、今までに実施された改善」を思い出し、書き出すことによって、

「自分も、改善をやっている」

「自職場でも、改善がなされている」

ことを発見する。今まで「見過ごしていた改善」や「無意識にやっていた改善」に気づくことができる。

すると、「実習のための6分間」は、「仕事とは別の、余計な時間」だっただ

ろうか。

それとも、「自分の仕事のやり方」を見直してみる「絶好の機会」だっただろうか。

つまり、「月に1件、自分の改善を書き出す」ということは、すなわち、

「月に1回、自分の仕事のやり方を、定期的に見直す」

——ことを意味している。

この「定期化」ということが重要だ。「仕事のやり方」の「見直し」を「定期化」していないと、忙しくなると、ついつい、

* 「そのうち、見直す」

* 「いつか、見直す」
* 「やがて、見直す」

などと、「そのうち、いつか、やがて」の連発となる。

そして、「仕事のやり方の見直し」は「後回し」になり、気づいてみたら、いつのまにか「惰性的な仕事のやり方」を、ずっと続けていた、

——ということにもなりかねない。

「仕事のやり方」の「定期的点検」が改善へ

我々は、いつも仕事に追われている。

仕事の定期点検
毎月・1件・改善の顕在化

目的

惰性 ひとつの方法にとらわれる

改善 より良い手段・方法にカエル

仕事は、次々にやってくる。とにかく「目の前の仕事」を片付けなければならない。

昔は、それでもナンとか、なった。変化の少ない時代には「仕事のやり方」も、かなり固定化されていたので、「指示されたことを、やればいい」「指示どおりに、やればいい」「余計なことをするな」——といった「仕事のスタイル」でも通用していた。

だが、今日のように「変化の激しい時代」には、

◎「もう、やらなくてもいいこと」
◎「もっと、簡単な方法」
◎「もっと、効率的な方法」

——など、次々に発生している。

それらに気づかず、

「昔から、このようにしている」
「以前から、こうしているから」
「このように、指示されたから」

——などと言って、

＊「非・効率的な方法」で

＊「時代遅れのやり方」で
＊「不要になっていること」
——を、いつまでも、やり続けるほど、愚かなことはない。

それで、
＊「遅れたり」
＊「間違ったり」
＊「迷ったり」
＊「イライラしたり」
＊「バタバタしたり」
——など、これほど「ムダ」なことはない。

ゆえに、
「せめて、月に1度くらいは、自分の仕事のやり方を、定期点検しよう」
というのが改善活動の主旨である。

それが、多くの会社において、「月に1件、自分の仕事の改善を書き出そう」という「改善の定期的・顕在化」、つまり「改善活動」が展開されている理由である。

「やらされ」から「自分のための改善」へ

改善活動は、改善の、
① 「実施」
② 「顕在化」
③ 「共有化」
——のサイクルから成り立っている。

そのうち、「せっかくの改善」を「やりっ放し」にしないで、「簡単な改善メモとして書き出す」という顕在化に対する抵抗が強い。

「月・1件」などの「件数目標」がある会社では、必ずといっていいほど、「やらされ」という被害妄想的な声が出てくる。

その原因は「会社」と「社員」の双方にある。まず、会社は、
「何のために、月1件なのか」
——という理由を説明していない。

我社も負けずに、月1件くらい
——などと説明している。
それに対して、社員のほうも、
「何のために、毎月1件、自分の仕事の改善を、ワザワザ書き出す必要があるのか」
——ということを、自分自身で考えようともしない。

ただ単に、
「会社が、出せというから」
「会社が与えた目標だから」
「会社からのノルマだから」
などと言って、「自分のアタマ」で考えることを放棄している。

要するに、「やらされ」という被害妄想的な言葉は、双方の「思考停止」からもたらされている。

☆

左頁は、自分で考えて、「やらされ」から脱却するための「改善件数」に関する「理論的根拠」のひとつである。

愚かな会社になると、ただ単に「同業他社も、そのくらいだから、

80

改善＝小変 の
最低 件数 目標＝月1件

＊「月1件」＝全業種・全職種・全社員すべてに共通
＊「月1件」＝全社・全部門に共通の「最低ライン」
＊それ以上の「件数設定」は、各職場の状況に応じて、
　各部署、あるいは各人の自主的な目標設定に任せる

改善活動とは、全社員に対して、「惰性的な仕事」でなく、
常に、「より良い仕事のやり方」を考え、工夫することを
期待→奨励→推進するための「しくみ＆しかけ」である。

「最低件数目標」とは、各人が
「自分の仕事のやり方」について、定期的に、
　　「考え→見直し→工夫」する**頻度の期待値**である。

一般的に、「通常の仕事」は「月・単位」でなされている。
給料も月給で支給されている。「仕事の見直し→改善」の
頻度も、それに合わせ、月単位とするのが自然であり、合理的。

「件数目標＝**月1件**」は、各人が、**毎月**、定期的に、
「自分の仕事のやり方」を「見直し→改善」することを
会社が「期待→奨励→推進」していることを意味している。

間違っても、**年1件**などを目標としてはなら**ない**。それは
次のような「誤ったメッセージ」の発信となりかねない。
＊年に、1回だけ、「見直し→改善」するだけでいい。
＊「1年がかり」で取り組むような「大変」なものでなければならない。

「月1件」とすれば、「改善＝**小変**」とは「毎月の頻度」で
デキル程度の「ちょっとした工夫」と理解される。

第5章

「問題欄・問題点」のみ記入すべし

① とりあえず、「問題欄」を記入
② 「他人の知恵」を活用
③ 「前例否定」の免疫化

1 とりあえず「問題点」だけ書き出す「問題欄」のみ記入する

「実施済・改善」を簡単に書き出す

改善メモは「3分以内・100字以内」で手軽に書けることはわかった。

しかし、それを毎月、毎月、ずっと書き出すのはムリだという声がある。

「改善がよく出る職場」なら月1件もムリではない。だが、そうでない職場では、「毎月1件」だと、すぐ「ネタ切れ」になってしまう。

たしかにそうだ。業種・職種によって、「改善がやりやすい職場」と「そうでない職場」がある。

では、「改善が出にくい職場」ではどうすればいいのか。「毎月1件」も

「改善デキない→書けナイ職場」ではどうすればいいのか。

それに対する回答は簡単。「書けないものは書かなくてもいい」のひとことに尽きる。

「改善の原則」は、

* 「デキナイこと」はやらなくていい
* 「デキルこと」をやる
* 「デキル範囲」でやる

——である。

この原理は「改善を書き出す=改善の顕在化」にも適応される。つまり、「書けないもの」まで、ムリやり書く必要はない。

とりあえず、「問題点」だけ書き出す

だが、「書けるもの」はいくらでも書いてもらう。

では、何が書けるか。

それは「問題」である。それなら、いくらでも書けるだろう。すなわち、

* 「こんなことで困っている」
* 「仕事のこんなことがイヤ」
* 「イライラしている」
* 「バタバタしている」
* 「やり難い」
* 「間違える」

* 「忘れる」
* 「遅れる」
* 「モレる」
* 「モメる」
* 「危ない」
* 「不快」

——など、いくらでもある。

これなら、10枚でも、20枚でも書き出せる。この場合、1枚とか、2枚など「ケチ臭い」ことを言ってはならない。

「出し惜しみ」せず、書けるものは、いくらでも書き出す。イライラしていることなど、すべて書き出せば、精神的にもスッキリする。

☆

「イヤなこと」や「困ったこと」など、10枚の改善用紙の「問題欄」に記入する。すると、どうなるか。

まず、

* 「すぐ、デキること」
* 「すぐには、できナイこと」

——に「分ける」ことができる。

85　第5章　「問題欄・問題点」のみ記入すべし

そして、
* 「デキルこと」はスグやる
* 「デキナイこと」は後回し

——という「改善実施の原則」に従えばいい。

「デキルこと」からやるのだから、スグできる。すると、スグ「対策欄」や「効果欄」も記入できる。

これで、「改善用紙の書き出し」は完了。この方法なら、どんな職場でも、「毎月1枚」くらいなら、簡単に書き出せる。

「改善後」では「改善」を思い出せない

「自分の職場では、そんなに改善はない」と言っている人は、「改善したもの」を、後から、思い出して書き出そうとしている。

「大変」なことなら、一ヶ月後でも思い出せるだろう。だが、「小変＝ちょっとした改善」だと、ほとんど思い出

86

せない。

だから、「自分の仕事や職場には、そんなに、改善は実施されていない」——と言うのだ。

だが、その言い方は正確ではない。厳密には、「スグ、思い出せるような大掛かりなことは実施されていない」と言うべきだ。

つまり、そのような仕事や職場でもけっして、「改善＝小変」がなされてないわけではない。

「仕事のやり方」の「ちょっとした変更や工夫」は、どんな仕事でも、どんな職場でもなされている。

それらは「小変＝小さな変更」ゆえ、実施されると「アタマ」の記録には、
＊「取るに足りナイこと」
＊「書くまでもナイこと」
——に分類されてしまう。

そのため、スグには思い出せない。「思い出せないもの」は、あたかも、「存在しなかった」ようなものである。

ゆえに、「自分の仕事や職場には改

善はない」と思い込んでしまう。そして、「毎月1件など、書き出せない」ということになる。

☆

この悪循環を断ち切るには、「実施した改善」を後から思い出して書くのではなく、改善を実施する前に「問題」として自覚している段階で、「問題欄」のみ書き出すこと。

* 「困った」
* 「イヤだ」
* 「バタバタする」
* 「イライラする」

——など「切実な問題」だったハズ。その時点なら、改善用紙の「問題欄」に、いくらでも書き出せる。なにしろ、今、現在、切実に困っているのだから。

「分割記入」で「仕事の点検→再点検」

「問題点」だけ書き出したら、後は放っておいていい。そして、一ヶ月後に、たとえば、月初に書き出したのなら、月末に見直してみる。

すると、「いくつかの問題」は、いつのまにか改善され、解決されていることに気づくだろう。

ならば、後は「改善後＝対策欄」と「効果欄」を、簡単に書き出すだけでいい。

すでに「問題欄」が記入されているので、「残りの記入欄」は心理的な抵抗もなく、気楽に、手軽に書き出すことができる。

これは「分割記入」という、まさに「改善原則」にかなった記入法である。つまり、「記入欄」のすべてを一挙に、全部、書こうとすると「心理的抵抗」のため、イヤになる。

だが、月初に、とりあえず、問題欄だけ記入しておいて、残りは、月末に書くという「分割記入・方式」ならば、手軽に手っとり早く書き出せる。

☆

月初に、とりあえず「問題欄」だけ10枚くらい書き出しておく。それは「自分の仕事のやり方」を、定期的に見直すということ。

そして、月末に、実施された改善を書き出す。それは「自分の仕事の再点検」を意味している。どの会社でも、

「仕事のやり方を見直そう！」

という「呼び掛け」がされている。だが、単なる「呼び掛け」だけでは何の意味もない。

実際に見直してみたら、どうだったのか。どんな問題があったのか。それを「改善用紙の問題欄」に簡単に書き出す。それが、具体的に、実際に「仕事のやり方」を見直すということである。

とりあえず
問題点だけ**書き出**す
問題欄のみ**記入しておく**

改善＝小変＝ちょっとした変更 ゆえ

改善後 だと、思い出せない。
たとえ、思い出しても

＊**取るに足りないこと**
＊**ワザワザ書き出すまでもない**
── と思ってしまい、書くのがメンドウになる。

改善前 の問題が切実な段階なら
　　　　問題点を簡単に書き出せる

とりあえず、月初に**問題欄**のみ
　　改善用紙を10枚書き出しておく

月末に、読み返して**改善済**のものは、
　　改善欄 ＋ **効果欄** を記入する
　すでに、問題欄が記入済なので、
　　　　　　　　　　心理的抵抗もなく
気楽に、手軽に、手っとり早く書き出せる。

2 問題点の共有化で他人の知恵を活用するのが手っとり早い改善的・ノウハウ

とりあえず、
＊「問題点」だけ書けばいい
＊「問題欄」だけ記入すればいい

という「分割記入法」を説明すると、
「なるほど、それなら簡単だ」
「それなら、誰でもデキる」
——といった安堵の声が出てくる。

だが、その一方で、
「簡単に書けることはわかった。だが、そもそも、いったい何のために、ワザワザ、改善用紙に書き出す必要があるのか」

という質問が出てくる。

あるいは、

「すでに実施済みの改善を、ワザワザ書き出すより、次の改善に取り組むべきではないか」

という意見も出てくる。

すると、多くの社員は、
「そうだ、そうだ。こんなものを書くヒマがあったら、次の改善をすべきだ」
と言い出す。

だが、そのような声に惑わされてはならない。ワザワザ、書き出してもらうには、ちゃんとした理由がある。

それは「せっかくの改善」を、

① 「やりっ放し」にした場合
② 「簡単な改善メモ」として、書き出

してもらった場合
——では、「大きな違い」が発生するからだ。

「違い」がなければ、ワザワザ書き出す必要はない。「不要なこと」は、サッサと「やめる」のが改善である。

「やりっ放し」では「続かない・定着化」しない

その「大きな違い」とは何か。それは「改善活動が継続→定着化」するか、しないかである。

なぜなら、改善とは、ある意味では、

90

先輩や上司に対する「反逆」だからである。

先輩や上司が教えてくれた「仕事のやり方」に対して、「その方法よりも、このやり方のほうがいい」というのが改善である。

もちろん、先輩や上司もアタマでは「状況の変化に応じ、仕事のやり方もドンドン変えるべきだ」という理屈は理解している。

だが、人間は「感情の動物」である。いくら理屈では、わかっていても、

「オレのやり方にケチをつけるのか」
「オレのやり方を否定するのか」

——という気持ちが湧いてくる。

それらは、どうしても顔に出る。すると、どうなるか。それまで張り切って「改善をしていた人」も、先輩や上司の「ブスっとした顔」を見るたびに「改善への意欲」を削がれていく。

やがて、多くの社員は、

「ハイハイわかりました。私は、もう改善など一切やりません。これからは、

カイゼンなんて……
2度とやりません!!

上司や先輩を敵に回してまで

指示されたことしかしません。指示された通りにします。より良いやり方を考えたり、工夫など絶対にやりません。

これで文句ありませんね」と言い出す。

そして、最後まで「改善をやり続ける」のは「一部の変わり者・だけ」になってしまう。

「大多数の社員」は、ダラダラ惰性で働いている「無気力な職場」になってしまう。これでは面白くない。

どうせ仕事をしなければならないならば、惰性でダラダラ働くよりも「より良い仕事のやり方」を研究したり、工夫し、改善するほうがいい。

そのほうが、もっと面白く、もっと快適に、楽しく仕事ができる。

改善とは「前例否定」である

改善は小さいことながら、すべて、「前例の否定」である。前任者や先輩・

図中テキスト:
- イライラしたこと
- 困ったこと
- 気がついたこと
- イヤだったこと
- 前例否定集 → 改善事例集
- 共有化
- カイゼンのやり易化
- こんなカイゼン／改善／カイゼン／かいぜん／Kaizen／あんなカイゼン
- ○○○会社
- 変化に対応できる企業体質

上司の「やり方の否定」である。単なる「やり方の否定」に過ぎないのだが、前任者・先輩・上司としては「自分のやり方の否定」は、あたかも「自分の人格」まで否定されたような気持ちになる。

そのため、「改善活動」のない会社、改善の「実施→顕在化→共有化」によって「改善事例の共有化」がなされていない職場や会社では、「前例否定」がやりにくい。

改善活動が「定着してない会社」の社員は「変化に対する免疫」がない。ゆえに、「ちょっとした変化や変更」にも過剰に反応・抵抗する。これでは企業は「変化に対応」できない。

どの会社でも、経営者が社員に、「変化に強い企業体質を！」「時代の変化に対応しよう！」などと呼び掛けている。

だが、そのような「スローガンの羅列」や「お説教」だけでは、企業体質は変わらない。

93　第5章　「問題欄・問題点」のみ記入すべし

では、「変化に対応できる企業」にするには、どうすればいいか。

それは「せっかくの改善」を「やりっ放し」にしないで、「簡単な改善メモ」として、書き出すこと。

すると、「簡単な改善事例集」ができる。それらを多く共有化することで、「変化に対する抵抗」が少しずつ薄れていく。

☆

「前例否定集」である「改善事例集」を共有化することで、お互いに「改善＝前例否定」がやりやすくなる。

「改善＝前例否定」を受け入れ、「変化に対応できる企業体質」となる。改善活動とは、改善のやりやすい企業体質・職場風土を創ること。つまり、「改善のやりヤス化」である。

自職場の具体的な「改善事例集」で「改善に対する誤解」を粉砕

どの会社にも、改善活動に対して、「イヤがる人」や「反発する人」がいる。だが、「そのような人」は、改善を「誤解している」に過ぎない。

なぜなら、改善というものは社員、あるいは労働者にとって、「損」することは何もないからだ。

「もっと働け」と言われるのなら、それは「労働強化だからイヤ」と反発・反対してもいいだろう。

しかし、改善は「自分の仕事のラクチン化」、あるいは「不要なことからの手抜き」である。

ゆえに、「改善する」のは得である。「改善しない」のは損である。

☆

しかし、「改善は損・イヤ」と思い込んでいる人には、そのような説明は通用しない。

そのような人には「具体的な改善事例」を数多く見せるしかない。実際の「具体的な事例」の共有化によって、「愚かな誤解」は粉砕される。

ただし、その事例は「自社の自職場の自分たちの仕事の具体的な改善事例」でなければならない。他業種や他社の事例だと、

「業種が違うから、参考にならない」
「職種が異なるから、役に立たない」

——などと言う。

もちろん、「知的レベルの高い人」は異業種・異職種の事例から「共通点」を読み取る。

しかし、「知的レベルの低い人」は「違い」を言い立てる。

また、1件や2件の事例ではダメ。最低でも「10件」、できれば「100件」の改善事例を共有化すれば、

* 「改善とは「大変」なこと」
* 「改善とは仕事とは別の余計なこと」
* 「アタリマエの改善はダメ」
* 「モノマネはダメ」

——などの誤解も粉砕できる。

改善 とは小さいことながら
前例の否定 である。
前任者のやり方の否定 である。
上司や先輩に対する反逆 である。

「**やり方**の否定」に過ぎないのだが
「**前任者**・先輩・上司」は
「自分の**やり方**の否定」は
「自分の**人格**」まで否定されたような気持ちになる。

そのため、カイゼン事例の
顕在化 ⇨ 共有化 のない職場や会社では
改善＝前例否定がやりにくい
雰囲気・職場風土・企業体質 となる。

改善事例集 とは小さなことながら
前例否定・事例集 である。

「前例否定・事例集」を共有化することで
「改善＝前例否定」がやり易くなる。
改善＝前例否定 を受け入れ
変化に対応できる企業体質 となる。

3 改善事例の共有化で変化への免疫力をつけ

「改善＝前例否定」のやりヤス化

改善活動とは、要するに、「実施→顕在化→共有化」、つまり、

① 「改善を実施」
② 「改善を書き出す」
③ 「改善を共有化する」

——という「3段階のサイクル」を継続的に繰り返すことである。わかりやすく言えば、

① とりあえず、「デキること」から、「デキるところ」まで、手っとり早く改善を実施する
② 実施した改善を「やりっ放し」にしないで、簡単な「改善メモ」として書き出す
③ 書き出された「改善メモ」を「書きっ放し・集めっ放し」でなく、それらを「貼る・配る・紹介する・発表する」などによって共有化する

——の3段階である。

それで「せっかくの改善」を、
* 「その時だけ」の
* 「その人だけ」の
* 「その職場だけ」の

——ものにせず、「多く社員」と共有化できる。

厳密に言えば、共有化すべきものは「改善事例そのもの」ではない。それぞれの改善事例に含まれている「改善の原理・原則・定石・発想」、つまり、「改善ノウハウ」である。

それによって、「さらに改善、もっと改善」という調子で「次の改善」につなぐことができる。

あるいは、他業種・他社・他職場の改善を自分の仕事に応用できる。

いや、社内だけでなく、業種や職種を超えて、多くの会社や組織とも相互に共有化できる。

「問題点だけ」でも共有化の価値はある

だが、「実施されてない段階」でも、つまり、「問題欄」しか記入されてない改善用紙でも共有化の価値はある。

ある会社では、

「とにかく、問題だけ書いてくれ」
「とりあえず、問題だけ書き出してくれ」

と言って、各人の、

* 「困ったこと」
* 「イヤなこと」
* 「イライラ」
* 「バタバタ」

——などの記入を呼び掛けている。

そして、それら「問題欄だけ記入された改善用紙」を貼り出している。

もちろん、「問題欄」に問題点を記入した人々は、切実に悩んでいる。だが、「貼り出された改善用紙」を眺めている人々はどうだろうか。

「こんなことで、悩んでいるのか」
「こんなことで、困っているのか」

といった調子だ。

そして、

97　第5章　「問題欄・問題点」のみ記入すべし

「こうすれば、いいではないか」
「こんなやり方がある」
——と勝手に、イロイロな改善案を、「対策欄」に書き込んでくれる。

もちろん、それらのすべてが実施できるわけではない。しかし、いくつかは実施に結びつく。

実は、これが最も効率的で、最も手っとり早い改善ノウハウである。

つまり、他人に改善案やアイデアを考えてもらうのだ。これが「ラクチン化」の改善手法だ。

これこそ、「他人活用」、あるいは「他人の知恵活用」という「改善の定石」である。

☆

「改善の定石」には、
* 「機能活用」
* 「補助具活用」
* 「システム活用」
* 「制度活用」
* 「サービス活用」
——など、イロイロなタイプの「○○

他人活用

他人の知恵活用

他人のアタマを使おう！

活用」がある。

とにかく、「使えるもの」はナンでもカンでも「活用する・使いこなす」というのが改善実施の原則だ。

それらのうち、最も効果的なのは、「他人活用・他人の知恵活用」である。

なぜなら、他人は、それぞれ異なる経験や体験を持っている。そして、それらに裏付けされた「異なる知恵」を持っている。

ゆえに、「貼り出されている問題」に対して、

「前の職場では、こうしていた」
「前の会社では、こうしていた」

——などと、それぞれの経験に基づく「改善案やアイデア」を惜しげなく、いくらでも書き出してくれる。

☆

人間は「知恵の塊」だ。その人が今日まで生き抜いてきたということは、その人なりに、様々な「問題解決ノウハウ」を「吸収→開発→蓄積」してきたからである。

99　第5章　「問題欄・問題点」のみ記入すべし

それらを活用して、「自分の仕事の改善」に役立てようというのが「他人活用・他人の知恵活用」という最もレベルの高い改善法である。

☆

改善制度には「自分の問題は、自分で考えて、自分で改善しなければならない」などという規則はない。

もし、貴社の改善制度にそのような「愚かな項目」があるなら、即刻、削除すべきだ。

それよりも、他人に考えてもらい、他人に解決してもらうほうが、はるかに、効率的でラクチンである。

「1個のアタマ」より、「100個のアタマ」を活用すべし

だいたい、「アタマの悪い人間」に限って、「自分のアタマ」だけで考え、「アイデアが出ない」と悩み、苦しんでいる。

だが、本当に「アタマの良い人」は、具体的に「どのような問題」を抱えているのか、誰にもわからない。

そして、「自分のアタマ」をあまり使わない。

しかし、なるべく「他人のアタマ」を使うことを考えている。

なぜなら、「自分のアタマ」は「1個しかナイ」ことを知っているからだ。

いくら「アタマがいい」と威張っても、「1個のアタマ」から出てくるアイデアなどタカが知れている。

ところが、「他人のアタマ」はいくらでもある。しかも、それらは様々な立場や経験に基づいている。

「アタマのいい人」は、そのことを自覚している。だから「自分のアタマ」だけで考えるより、なるべく「他人のアタマ」や「他人の知恵」の活用を考えている。

☆

では、「他人の知恵」を活用するには、どうすればいいか。それは「自分の抱えている問題」を書き出し、顕在化することだ。

* 「困ったこと」
* 「イヤなこと」
* 「イライラしていること」
* 「バタバタしていること」

——などを「改善用紙」に書き出せば、誰にでもわかる。

もちろん、これは口に出して言ってもいい。ただし、それは周りの数人にしかわからない。

だが、書き出せば、「より多くの人」と共有化され、「より多くのアイデアや改善案」を得ることができる。

そして、そのうちの、いくつかは「改善実施＝問題解決」に結びつく。

これがラクに、手っとり早く改善を実施するための最も効果的な「手抜き的・改善実施法」すなわち「他人の知恵活用」という改善ノウハウである。

問題点の共有化
他人の知恵の活用

問題点を**書き出し** ⇒ **貼り出す**

　＊困ったこと　　　　　＊やりニクイこと
　＊イヤなこと　　　　　＊イライラしていること
　＊危ないこと　　　　　＊バタバタしていること
　＊よく間違えること　　＊よく忘れること
　—— などを書き出し、貼り出す。

問題点を書き出した**「当人」**は
「こんなに困っている」
「どうしようもない」
「どうしていいか、ワカらない」
　と切実な気持ちで書いたもの。だが、他人からは

「**こう**すれば、**いい**ではないか」
「**こんな方法**もある」
　など「対策案」や「アイデア」が次々に出てくる。

　それぞれ異なる **経験・体験** を持っているので
「前の職場では、こうやっていた」
「前の会社では、こうやっていた」
　と異なる観点から、異なるアイデアが出てくる。

他人から「改善案」をもらうほうが、手っとり早い
これが **他人活用・他人の知恵活用** という
最も高度な改善ノウハウである。
自分の問題だから**自分**で解決しなければならないわけでは**ない**。
　　他人活用のほうが手っとり早く改善できる。

第6章

人を責めず、方法を攻める

① 「共有化すべき」は
　「改善の発想&定石」

② 「事例」を通じて
　「実感➡理解➡納得」

③ 「人を責める」か
　「方法を攻める」か

1 ナゼ 何のために ワザワザ「実施済み改善」を顕在化→共有化するのか

改善活動を「継続→定着化→活性化」させるには、

① 「せっかくの改善」を
② 「やりっ放し」にしないで
③ 「簡単な改善メモ」として顕在化する（書き出す）ことが必要。

もちろん、それも「書きっ放し」はダメ。それらを「共有化する」ことで、「次の改善」につながる。

つまり、「持続的な改善活動」には、

① マズ、「デキルこと」から「実施」
② 次に、「改善メモ用紙」に「顕在化」
③ そして、「改善事例」として「共有化」

という「①実施→②顕在化→③共有化」のサイクルが不可欠。

「最大の難関」は「改善の顕在化」

これらのうち、①改善の実施に関しては、「改善＝大変＝大きく変える」という典型的な「誤解」を解けばいい。

「改善＝小変＝小さく変える＝少し変える・ちょっと変える」ということさえ、「実感→理解→納得」されれば、

「改善の実施」は順調に進む。

また、

③改善事例の共有化に関しては、「推進事務局」など、改善を指導・推進すべき部署が工夫をすれば、それで進展する。

だが、②改善の顕在化に関して、多くの会社が苦労している。

「改善そのもの」は、どの会社でも、かなり実施されている。だが、それを「書き出す」ことに対しては、

① 「メンドウ」
② 「忙しい」

104

改善報告書

改善前(問題点)	改善後(対策)
こんな**問題**があった	こんな**手を**打ってみた

効果　**少しは良くなった**

100字以内　3分以内　メモ感覚で

簡単な改善を簡単に書き出そう！

① 「詳しく書け」
② 「ちゃんと書け」
③ 「効果は数値で書け」

——などの「愚かで、誤った指導」に起因しているので、

① 「100字・以内」で
② 「3分・以内」に
③ 「簡単に、メモ感覚」で

——などの指導に切り換えることで、簡単に「ブレーキ」を解除できる。

なぜ、ワザワザ、「書き出す」のか

しかし、それで完全解決ではない。いくら「簡単に書ける」と説明しても、その次には、「ナゼ、実施した改善をワザワザ書き出す必要があるのか」——という質問が出てくる。

そして、「それよりも、次の改善に

——などの「強い抵抗」がある。もっとも、それらは、

③ 「時間がない」

取り組むべきではないか」
——という反論が出てくる。

それに対して、かつては、次のような説明がなされていた。

☆

「せっかくの改善」が、共有化されなければ、

* 「同じような仕事」をしている
* 「同じような職場」で
* 「同じような問題」
* 「同じような失敗」が

——いつまでも発生する。

それはモッタイナイ。

だが、「改善を共有化」すれば、それらの「ムダ・損失・損害」を少しでも防止できる。

いわゆる「水平展開論」だが、それは「モッタイナイ」を基盤とするものであった。

もちろん、それも間違いではない。

しかし、「水平展開論」では、次のような反論に対応できない。

「水平展開論」の「限界と弊害・逆効果」

① 「同じような仕事」をやっている「大量生産の現場」のもの
② 「仕事の内容」が異なる「異業種・異職種」では、「改善の顕在化→共有化」は無用・無意味である

——などの「暗黙の固定観念」を生み出してしまった。

☆

「自分の仕事」は特殊である。よって、その改善も特殊である。ゆえに、このような改善を共有化しても、誰の参考にもならない。

よって、「自分の仕事の改善」は書き出しても役に立たない。それゆえ、「自分の仕事の改善」は実施するが、それらを「ワザワザ書き出す」ことには価値を見出せない。

☆

つまり、「顕在化→共有化」は、

* 「同じような仕事」で
* 「同じような職場」で
* 「同じような問題」
* 「同じような失敗」に悩んでいる

以外は何の役にも立たず、何の意味もない

——ということだ。

「水平展開論」は、戦後の「復興期から高度成長」までの「大量生産を主体とした産業」には非常に有効であり、それなりの説得力を持っていた。

だが、産業が成熟し、多様化してくると、旧来の「水平展開論」は急激に色あせ、説得力を失っていった。それどころか、「逆効果→弊害」にもなっていった。

「共有化すべき」は「事例そのもの」にアラズ

「水平展開論」は、逆に、「実施済改善」をワザワザ書き出し、共有化するのは、「ひとつの改善」を

改善活動（実施→顕在化→共有化）は、

106

共有化すべきは
改善の原理・原則・定石

共有化すべきは、**改善事例そのもの**でなく、「原理・原則・定石」である。事例そのものだと
* **職種**が**異**なるから、**参考**になら**ない**
* **業種**が**違**うから、**役立**た**ない**

――という声が出てくる。

だが、定石・原理・原則を共有化すれば、
◎ **異**なる職種・業種
◎ **違**う職場にも **応用・活用**できる。

改善の「継続→定着化→活性化」には、
改善の**共有化**が不可欠。改善そのものは
どの会社でもどの職場でも、なされている。だが、それらの
共有化がなければ、「やりっ放し」になり、
＊１部の人の改善
＊１時的な改善――――――に終わってしまう。

改善を書き出して「簡単な事例集」として、
共有化すれば、それらを「次の改善」への
事例教材＝自前の**生きた教材**
として活用できる。それらが改善の
持続・継続→定着化→活性化につながる。

「アチコチで使い回そう」などという「ケチな根性」からではない。

もっとも、そのような「誤解」をもたらしたのは「改善事例の共有化」という言葉である。

正確に言えば「共有化すべき」は、けっして「事例そのもの」ではない。厳密には「事例に含まれている改善の原理・原則・定石・発想・考え方」と言うべきだ。

☆

「事例そのもの」の共有化では、

* 「業種」が異なるから役立たない
* 「職種」が違うから参考にならない

――という声が出てくる。

だが、「改善の原理・原則・定石・発想・考え方」の共有化なら、

* 「異なる業種・職種」の
* 「異なる会社・職場」の
* 「異なる仕事の改善」に
* 「応用・活用」できる。

☆

もちろん、「改善の原理・原則・定

石・発想・考え方」には、イロイロなものがある。

だが、それらを「羅列するだけ」では、改善的ではない。改善的と言うからには、単なる羅列でなく、「優先順位」を明確化すべきだ。

では、「実施済・改善」をワザワザ書き出してまで、共有化すべき最も重要なことは何か。それは、「人を責めず、方法を攻める」という「改善の根本的な考え方」である。

「言葉だけ」では「カラ回り」する

「人を責めず方法を攻める」という「改善の根本的な考え方」も、それが「言葉だけ」では「カラ回り」する。

ゆえに、「言葉だけ」でなく、必ず、実際の、わかりやすい「具体的な事例」を伴った解説が勧められる。

「言葉」や「考え方・理念・思想」などは、「具体的な事例の裏付け」によ

って、初めて説得力を持つ。「具体的な改善事例」の蓄積がないと、どうしても「抽象的な説明」になってしまう。

自分自身が「具体的事例」を通じて「実感→理解→納得したこと」ではないので「借り物の言葉」による説明になるので、「カラ回り」する。

☆

ただし、「一般的な事例」を基に解説すると、必ずといっていいほど、「思考力・応用力の欠如した人々」は、

* 「業種」が異なるから
* 「職種」が異なるから
* 「仕事の内容」が異なるから

――などと言って、拒否反応を示す。それを予防するため、「事例による解説」に際しては、必ず、

* 「自分の仕事に置き換えて」
* 「原理・原則を読みとって」

――などの「補足説明」が必要だ。あるいは、「自職場の改善事例」なら、より効果的な説明ができる。

なぜ、何のために、ワザワザ、実施済改善を改善メモとして書き出し共有化するのか

それは

人を責めず
方法を攻める

という改善の根本的な考え方を多数の実際の具体的な事例で実感→理解→納得、そして共通認識化するため

2 人を責めず、方法を攻める「改善的・間違い防止法」

我々の仕事には「イロイロな問題」がある。たとえば、

* 「失敗した」
* 「間違えた」
* 「取り違えた」

——など。

そのような場合、「改善の顕在化→共有化」がなされてない職場、つまり、改善活動のない職場では、

「誰だ。間違えたのは！」
「オメエか、オメエが悪い！」

などの罵倒がなされる。

だが、この「間違えた人」は、本当に悪いのだろうか。もちろん、故意に間違えたのなら、それは「その人」が悪い。

だが、普通の人は、

「間違えないように」
「失敗しないように」

——と、「細心の注意」を払いながら仕事をしている。

「やり方がマズイ」なら「やり方」を攻めるべし

「うっかり」や「錯覚」、あるいは、バタバタ、イライラなどで、どうしても、間違ったり、失敗してしまう。

それに対して、頭ごなしに「オメエが悪い！」と責められても、誰も反省しない。

口先では、

「スミマセン」
「これから気をつけます」

——と言っても、心の中では、

「オレは、ワザと間違えたのではない」

と、反発している。

しかし、誰もが「生身の人間」ゆえ、ところが、「責める人」は、

110

オレは、間違えたのではない ワザと

オマエが悪い

オマエの責任だ

スミマセン

「オマエが悪い」
「オマエの責任だ」
——と言って安心している。これでは「問題解決」にならない。
だが、改善が顕在化→共有化され、改善活動が定着化している職場では、けっして、
「オマエが悪い！」
などと、責められることはない。
むしろ、
「やり方が悪い」
「やり方がマズイのだ」
——と言われる。
すると、「その人」は、どのように反応するだろうか。おそらく、
「そうですね。私が悪いのではなく、私のやり方が悪いのですね。それなら、やり方を変えましょうか」
——ということになる。

☆

では、どのように「やり方」を変えればいいのだろうか。実際のわかりやすい簡単な事例で、説明しよう。

111　第6章　人を責めず、方法を攻める

「部品の取り違い」を防ぐ改善的な工夫・対処法

昔のように「単品種・大量生産」の時代では、一日中、「ひとつの品種」を作っていればよかった。

それに伴う「部品切り替え」の必要もなければ、それに伴う「部品の取り違い」の危険性もない。

ところが、昨今のように「多品種・少量生産」の時代となると、そうはいかない。頻繁に「品種・切り替え」がなされる。

1時間ほど「A品種」を作ったら、次は「B品種」というように、次々に切り替えがなされる。

それに伴って、組み付ける部品も「A部品」から、「B部品」に切り替えなければならない。

その時、必ず、といっていいほど、「部品の取り違い」が発生する。

「人」を取り替えても、「間違い」は防げない

「改善のない職場」では、

「オマエが悪い」
「オマエの責任だ」

という声が出てくる。

だがこの「部品を取り違えた人」は本当に悪いのだろうか。

もし、この問題の「真の原因」が本当に「この人」ならば、「この人」を取り替えればいい。

それで、この問題は解決されるハズだ。なにしろ、「真の原因」を取り除いているのだから。

しかし、いくら、「この人」を取り替えても、問題は解決されない。なぜなら、「別の人」も、また、同じような「部品の取り違い」をやってしまうからだ。

☆

ところが、「改善のある職場」では、けっして、

「オマエが悪い」
「気をつけろ」

——などとは言わない。

その代わりに、

「やり方が悪い」
「やり方がマズイから間違うのだ」

——と言う。

「やり方」は簡単に変えられる

「オマエが悪い！」という表現は、「その人・自身」を責めているのだ。

それに対して、「やり方がマズイ」というのは「その方法・そのもの」を責めている。

品種切り替え
部品切り替え

まちがえた！

我々は、自分の「人の部分＝人格」を責められると非常にツライ。なぜなら、「自分の癖や性格・人格」などは、ナカナカ変えられないからだ。

そのため、いつまでも、責められることになる。これでは、たまったものではない。

ところが、「やり方」なら、スグ、簡単に変えられる。しかも、改善は「ちょっと変える」だけでいい。

その「やり方」を変えてしまえば、もう「責められること」はない。また、「間違い」が発生することもない。

☆

この場合、どのように「やり方」を変えればいいのだろうか。もちろん、「部品の取り違い防止」にはイロイロな方法がある。

しかし、「チャチなものほど、良い改善」と言われているように、改善は「より簡単な方法」が勧められる。

おそらく、この場合は、「部品箱にフタをつける」というのが、最も簡単

113　第6章　人を責めず、方法を攻める

フタをつける

**B部品を使用
A部品は使用しない**

な方法ではないだろうか。

「A品種を作ります。A部品を取ってください。B部品を取ったらダメ」
——と言われたら、フタを、B部品の上に被せる。

すると、もう「B部品」は取れなくなる。つまり、「間違えられナイ化」が実現された。

次に、「品種切り替えです。B部品を取ってください。A部品はダメ」
——と言われたら、フタを、A部品の上に被せる。

すると、もう「A部品」は取れなくなる。つまり、またしても「間違えられナイ化」が実現されたのだ。

☆

この場合の「部品の取り違い」の「真の原因」は、「人」と「やり方」のどちらだったのだろうか。

言うまでもなく、「マズイやり方」が「真の原因」だったのだ。なぜなら、いくら「人」を取り替えても、取り違いを防げなかった。

114

原因 → 人 → 替えても解決しない

↓

マズイやり方

↓

やり方を変える（これが改善の考え方です）

↓

問題解決

人を責めず、方法を攻める

ところが、「フタをつける」という簡単なことながら、「やり方」を少し変えただけで問題は解決された。

☆

もし、「人」を責めて、問題が解決されるなら、いくらでも責めればいいだろう。

みんなで、責めて、責めて、責めまくればいい。だが、それは単なる「イジメ」に過ぎない。いくら、「人」を責めても、問題は解決されない。

もちろん、「その人」がワザとやっているのなら、話は別だ。その場合は、「その人」が悪いのだから、大いに「その人」を責めるべき。

しかし、「マズイやり方」が原因で、「間違い」が発生しているのなら、その「マズイやり方」を攻め、「マズイやり方」を変えない限り、また、同じような「間違い」が発生する。

これが、「人を責めず、方法を攻める」という改善の最も重要な「根本的な考え方」である。

115　第6章　人を責めず、方法を攻める

3 「人を責める会社」になるか「方法を攻める会社」になるか

「人を責めず、方法を攻める」という「改善の根本的な考え方」を説明すると、次のような反論がある。

それは「キレイゴト」に過ぎない。仕事においては、そのような「キレイゴト」は通用しない。

☆

たしかに、「人を責めず、方法を攻める」という「言葉」だけを見れば、それは「キレイゴト」だろう。

いや、たとえ、「どんな言葉」でも、「言葉」というものは、すべて、実態のない「キレイゴト」に過ぎない。

☆

だが、改善は「言葉・だけ」ではない。必ず、実際の「具体的な事例」が伴っている。

しかも、それらの事例は「他社・他職場・他業種・他職種」のものでなく、「自社・自職場」の実際の「自分たちの改善事例」である。

「大変な事例＝改革的事例」は、そんなにはない。だが、「改善＝小変」なら、すべての仕事に、あらゆる職場に、いくらでもある。

「自職場の改善事例」をそれぞれの職場で、とりあえず、10件、共有化してみよう。

そして、さらに20件、30件と増やし、100件蓄積できれば、どうなるか、それら「具体的な改善事例」の共有化を通じて、

「なるほど、人を責めるよりも、方法を攻めるほうが効果がある。やり方を変えるほうが有効だ」

——という「共通認識」ができる。

どちらが「働きやすい職場」か

次に「同じような問題」がその職場に発生した場合、どのような反応が出

116

人を責めず 方法を攻める

言葉だけではカラ回りする

必ず具体的な事例で裏付けを！

キレイゴトにすぎない偽善的だ！

初期段階では、まだまだ「オマエが悪い」と言って、「人を責める人」もいるだろう。

しかし、その一方で、

◎「やり方」に問題がある
◎「やり方」がマズイ

——という声が出てくる。

すると、

＊「もっと良い方法」を調べよう
＊「もっと良い方法」を考えよう
＊「もっと良い方法」を工夫しよう

——ということになる。

　　　　　☆

どちらが「働きやすい職場」になるだろうか。「人を責める」のと、「やり方を攻める」のとでは——。

また、どちらが、

＊「間違い」
＊「事故」
＊「失敗」
＊「遅れ」
＊「クレーム」

人を責める会社

問題発生

→

オマエが悪い

オマエの責任だ

スミマセン

↓

問題は解決されない

―などの不都合を減らし、少しでも「快適な仕事・改善的な仕事」に近づくことができるだろうか。

たかが改善されど改善

これが、今日、多くの会社がワザワザ制度をつくり、改善活動を展開している「本当の理由」である。

なぜなら、「個々の改善」は、タカが知れている。まさに「たかが改善」に過ぎない。なにしろ、ちょっと変えるだけの「小変」だから。

だが、「たかが改善」と言えども、それらを、それぞれの職場で、共有化することによって、

＊「人を責める職場」か

それとも、

＊「方法を攻める職場」になるか

―その「違い」は大きい。

それこそ、まさに「されど改善」である。そのため、多くの会社が、改善

118

方法を攻める会社

問題発生
↓↓
人 → 方法を変更する
方法 → やり方を攻める
↓↓
問題解決

「その人」と「その方法」を分離せよ

研修や教育をしてまで、改善活動の「定着→活性化」に取り組んでいる。

次のような「反論・疑問」もある。

「人を責めず、方法を攻める」と言うが、「マズイやり方」を責めることは、「そのマズイやり方」をやっている「その人」を責めることではないか。

☆

もし、「その人」と「その方法」が「完全に一体化」しており、絶対に変えられない「不可分」のものであれば、たしかに「その方法」を責めることは、「その人自身」を責めることに他ならない。

だが、「その人」と「その人の仕事のやり方」は、けっして「不可分」ではない。別のものである。

しかも、「仕事のやり方」は簡単に

「人」を替えず「方法」を変えるべし

変えられる。その「マズイやり方」を変えてしまえば、もはや責められることはない。

たとえば、昨日まで「右」に部品を置いて仕事をしていた人が、

——これでは間違いやすい

——間違いの原因はこれだ

と気づいて、「左」に置いた場合。

「部品の位置」という「仕事のやり方」は変わったが、「その人自身」は何も変わっていない。

昨日まで、部品を「右」に置いて、「間違えていた人」と、左に置き換え、「間違いを防いだ人」とは、まったく「同一人物」である。

☆

このように、「人」と「方法」は「別のもの」である。

だが、「人を責める会社」は、「人」

と「方法」を「分ける」ということができない。

ゆえに、不都合が発生した場合、「マズイやり方」を攻めるべきなのに、「その人」を攻めるというトンチカンなことをやってしまう。

そのため、人間関係がギスギスする。しかも不都合や問題はいつまでたってもなくならない。

このように、「人と方法」を同一視する思考が「改善の阻害」となっている。

☆

これらの理屈を、いくら説明しても「わからナイ人」はわからない。

そのような人には、実際の「具体的な改善事例」を、とりあえず10件、そして、できれば100件、見せることだ。

すると、否応なしに、

「改善前と改善後で、その人自身は変わってないが、その人の仕事のやり方が変わっている」

——ということに気づく。

つまり、「人」と「方法」は別のものであり、「人=人格・性格・癖」はナカナカ変えられないが、「方法」は簡単に変えられることを「実感→理解→納得」できるようになる。

「事例の共有化」で「実感→理解→納得」

事故や不良など、不都合が発生した場合、いくら「その人」を攻めても「再発防止」にはならない。

なぜなら、それら不都合の「原因」となっている「マズイやり方」を攻め、改めない限り、同じことが、また発生するからだ。

と「方法」を「分ける」ということができない。

ゆえに、「原因」に対応していないような「対策」は、すべてピント外れとなり、何の効果もない。

☆

「対策」とは「原因の裏返し」である。

「人を責めず、方法を攻める」というが「その人の方法」を責めることは「その人」を責めることではないか？

「人」と「方法」が完全に「一体化」して、「不可分＝分けることができない」のなら、「方法を攻める＝その人を責める」ことになる。

だが、その人とその方法は別のもの＝分離できる。
なぜなら、その人は「その方法」を変更できるからだ。

たとえば、部品を「右」に置いて仕事をしていた人が「これでは間違いやすい」と気づき、右→左に置き換えた場合、「仕事の方法」は変わっても、「その人自身」は何も変わってない。

昨日まで、「右」に置いて、「よく間違えていた人」と、「左」に置き換え、「間違いを防いだ人」は、まったく「同一人物」である。このように「人」と「方法」は「別のもの」であり、分離できる。

ところが、人を責める会社は、その人とその方法を「分けて考える」ことができず一緒くたにしている。ゆえに、

「マズい方法を攻める」べきなのに、「その人」を責めている。

そのため、「マズイ方法」はそのままで、いつまでたっても、問題は解決されない。

第7章

改善は「ものマネ」大歓迎

① マネて、パクって、
　　ちょいと改善
② マネ・パクリ奨励の
　　「改善・事例教材」
③ 大量・高速の「改善的・
　　改善事例発表会」

1 改善はモノマネ大歓迎 改善はパクリを奨励

マネ・パクリの奨励

「せっかくの改善」に対して、

「マネたのか」
「他職場で、されているからダメ」
「他職場のモノマネに過ぎない」
「モノマネはダメ」

——などと、言われたことがないだろうか。

☆

だが、このような「セリフ」は意味がない。なぜなら、「実施型・改善制度」では「アイデアの出所を問わない」からだ。

つまり、その「改善のアイデア」をその人が自分で考えたのか、それとも「他社・他職場・他者の改善」を見て、

○「マネたのか」
○「参考にしたのか」
◎「ヒントを得たのか」

——など、どうでもいいからだ。

なぜなら、改善は発明や特許を取ろうというものではない。ゆえに、改善には「新規性」や「独創性」は求められていない。

それよりも改善は「手っとり早さ」を重視する。手っとり早く「より良い方法」を取り入れ、それで「自分の仕事」が少しでも良くなれば、それらはすべて改善である。

改善の推進とは、

「ひとつの方法にとらわれるな。もっと良い方法があるだろう。他社では、そんなアホなことは、もうやってないぞ」

※「ちょっと見てこい」
※「聞いてこい」
※「調べてこい」
※「盗んでこい」

——というもの。

早い話が、改善は他者のアイデアの

改善はアイデアの出所を問わない

モノマネはダメ！
他でやっているからダメ！

NO!

モノマネ大歓迎
マネてパクって
どんどん改善すべし
実施型・改善制度

「マネ・パクリ・盗用」を奨励するものである。

もちろん、「企業秘密」などを盗むと、大変なことになる。だが、改善はそんな「大それたこと」をやれと言っているのではない。

他社では、すでに「常識・アタリマエ・当然」となっているようなことでも、自社・自職場では実施してないことがある。

それをマネて、自分の仕事に取り入れたら、改善である。

まさに、改善は、

「モノマネ歓迎」
「パクリ大歓迎」
「盗用を大いに奨励」

——というものである。

「前例」を基にさらに改善

「改善の3原則」は、

① やめる
② へらす

第7章 改善は「ものマネ」大歓迎

③カエルである。

とにかく、「不要なこと」や「ムダなこと」を「やめる」のが改善である。

もちろん、どうしても「やめられない」ものもある。

その場合は、「減らす」という次の手がある。そして、もう、これ以上は減らせない場合は、イロイロな条件や要素を「変えてみる」という、さらなる「次の手」が勧められる。

「何を変えたらいいか、わからない」
「どう変えたらいいか、わからない」
「良いアイデアが出てこない」
——という場合もあるだろう。

だが、そんな時でも、悩む必要はない。アイデアが出なければ、もっと、もっと効果的な「奥の手」がある。それは「マネる・パクる」だ。

☆

世の中には、すでに、多くの改善がなされている。ゆえに、それらを「マネる・パクる」のが最も手っとり早い。

すでに、多くの「前例」があるのに、それらを自分ひとりで、ゼロから考えたり、悩むほど、ムダなことはない。

それら「前例」を基に、考えるのが「改善的な対応」である。

つまり、「マネて、パクって、ちょっと改善」というのが「改善の極意」である。それができるようになれば、「改善の免許皆伝」だ。

改善の5段活用

問題にぶつかったら、まず、
① 「やめられないか」
② 「減らせないか」
③ 「変えられないか」
——を考える。

そして、どうしても良いアイデアが出なければ、「他人のアイデア」を、
④ 「マネる」
⑤ 「パクる」
が勧められる。

ところが、おもしろいことに、「他者の改善をマネよう」「他者のアイデアをパクろう」とすると、そこに工夫が生まれる。

なぜなら、そっくりそのまま「良い改善」でも、いくら「良い改善」でも、それが、そっくりそのまま「自分の仕事」に使えるわけではないからだ。規模や条件・状況——など、それぞれ職場によって異なるので、多少のアレンジは必要だ。

しかし、それは、けっして「大変」ではない。「ちょっと変える」だけの「小変」に過ぎない。

ちなみに、誰もが、簡単にデキる。
① 「やめる」
② 「減らす」
③ 「カエル」
という「改善の3原則」に
④ 「マネる」
⑤ 「パクる」
を加えたものを「改善の5段活用」という。

改善の5段活用
改善3原則＋マネる・パクる

①やめる（廃止・排除・中止）
不要・ムダ・過剰・重複――をやめるのが改善。
「昔は必要だったが、今は不要」をやめるのが改善。
「改善しない人」は、状況が変わり、不要となっているのに、
惰性で、いつまでもムダなことをやっている。

②へらす（削除・減少・部分的中止）
「やめる」ことができなければ減らすべし。「ムダな動き」など
少しでも減らせばラクになる。特に、共有化・共通化・
共用化・共同化、あるいは一体化・一括化などの
定石でムダや過剰を減らすことができる。

③カエル（変える・替える・代える・換える）
「減らす」ことができなければ、要素や条件を変えるのが改善。
変える対象はハードでもソフトでもいい。「変え方」は
＊視覚化・定置化・定型化・同時化――
＊見える化・わかる化・やりやすさ化――
＊ビジュアル化・ユニット化――など

④⑤マネる パクる（盗む・他人活用）
アイデアが浮かばない時、自分のアタマだけで考える
必要はない。他者のアイデアを拝借・借用すればいい。
そのほうが手っとり早く改善できる。
他者のアイデアをマネて、パクって、

ちょいと改善、さらに改善、もっと改善。
これが「手っとり早い改善・より良い改善」の極意。

2 「他人活用」「他人の知恵活用」の知恵

何もかも「自分のアタマ」で考えようとすると「大変」だ。だが、他者の改善をマネて、「自分の仕事」に応用するのは難しいことではない。

ちょっと変える、小さく変えるという「小変」に過ぎない。すなわち、「マネて、パクって、チョイと変える」というのが、最も手っとり早く、最も効果的な「改善ノウハウ」である。

☆

この世の中には「100％独創的なもの」など存在しない。いかなる大天才の発明であろうとも、その人が「ゼロ」から、すべてを考え出したわけではない。

何十万年にわたり蓄積されてきた人類の膨大な「知識・知恵・ノウハウ」に、ちょっとアイデアを付け加えたに過ぎない。天才とは「マネて、パクって、チョイと変える」ことの「最先端の実践者」に過ぎない。

まして、大天才ならぬ凡人なら、なおさら「平凡なアタマ」を捻るよりも、もっと積極的に、「他者の改善やアイデア」をマネて、パクって、チョイと改善すべきだろう。

「積極的なマネの姿勢」は、より良い改善へのアンテナを張り巡らし、常に

より良いアイデアに目を配ることにつながる。それは視野を拡大し、発想の幅を広げるものである。

ヒント・参考・拝借

○「ヒントにする」
○「参考にする」
◎「拝借する」
◎「借用する」

――と言い換えてもいい。どれも同じような意味である。それ

「マネる・パクる・盗む」などという言葉に抵抗があるなら、

マネてパクってちょいと改善

ラクチン化・快適化 これは使える！

マネる
パクる
ヒント
参考にする
応用する
借用する

自分の仕事

改善事例集　創意とくふう　改善発表会

アイデア　ヒント　定石

それぞれ自分の好きな言葉を使えばいい。

人類は、互いのアイデアやノウハウを、

○○「ヒントにして」
○○「参考にして」
○○「マネて」
○○「パクって」
○○「盗用して」
○○「借用して」
○○「拝借して」

──発展してきたものだ。

その末裔である我々も、人類史の延長として、マネて、「他者の改善やアイデア」を堂々とパクればいい。

また、「お知恵拝借・アイデア借用」などと言っても、なにも律儀に返却・返済する必要はない。

「借りた金」は返さなければならないが、「常識的なアイデア」などは、借りっぱなしで結構。踏み倒してもかまわない。

つまり、「改善活動」とはお互いの改善の「マネ合い・パク合い」である。

第7章　改善は「ものマネ」大歓迎

「使えるもの」は
すべて活用するのが改善

それを一般的用語で言えば「共有化」である。

漢語の「共有化」は、なんとなく厳かな感じがある。だが、それをわかりやすく言えば「マネ合い・パクり合い」である。

☆

「改善発表会」の「目的」として、「改善ノウハウの共有化」が掲げられている。だが、そのような「抽象的な言葉」を使っている限り、共有化は進まない。

ところが、「発表会の目的」は、「お互いの改善のマネ合い・パクリ合い」と言えば、非常にわかりやすい。

参加者も、漠然と聞くのではなく、発表事例から、何かひとつでも、

「マネよう、パクろう」

とするので、共有化が促進される。

ゆえに、自信を持って、他社・他人の改善をマネて、パクって、自分の仕事をさらに改善、もっと改善すべきである。

☆

それでも、まだ「マネる・パクる」に抵抗のある人には、「他人活用」という言葉が勧められる。

「改善の定石」には、「○○化タイプ」に加えて「機能活用・補助具活用・制度活用・サービス活用」などのような「○○活用タイプ」がある。

この「他人活用」こそ、最も高度で、最も効果的で、最も手っ取り早い「改善の定石」である。

とにかく、世の中にあるもので、使えるものはすべて「使いこなす」のが「○○活用」という改善だ。

その中でも、最も強力なのが「他人の活用」、または「他人の知恵活用」、あるいは「他人のアタマ活用」である。

☆

改善制度では、

「自分の問題は、自分で考えて、自分で

改善しなければならない」

という規則はない。

それよりも、むしろ「他人のアタマ」を活用するほうがいい。

なぜなら、人間のアタマは「一人に、ひとつずつ」しかない。だから、いくら、「アタマが良い」と威張っていても、「ひとつのアタマ」で考え出せるアイデアには限界がある。

ところが、世の中には「他人のアタマ」は、いくらでもある。しかも、それらは、それぞれ異なる体験や経験に基づく「異なる知恵」を持っている。

なのに、「改善の苦手な人」ほど、自分のアタマだけで考えて、

「アイデアが出ない」

「どうしたらいいか、わからない」

——と悩んでいる。

「改善の上手い人」は「他業種・他社・他職場」の「改善事例」を数多く見て、それらの「改善のノウハウ」を活用している。それこそ本当の「改善力」である。

130

改善の共有化＝マネ・パクリ
他人活用＝他人の知恵活用

何もかも「自分のアタマ」で考えるのは**大変**だ。だが、他者の改善をマネて、「自分の仕事」に応用するのは簡単である。
マネて、パクって、チョイと変える のが、もっとも手っとり早く、もっとも高度な「改善ノウハウ」である。

マネる・パクる・盗む
　　＝**ヒント**にする。**参考**にする。
　　＝アイデアの拝借・借用・応用

もっと**積極**的に、もっと**自信**をもって、
「他社・他職場・他者の改善＆アイデア」を
マネて、パクって、「自分の仕事の改善」に応用すべし。

「積極的なマネ・パクリの姿勢」が
視野の拡大 や **発想の転換** をもたらす。

「使えるもの」は、すべて「使いこなす」のが改善
　①**機能**活用
　②**補助具**活用
　③**サービス**活用
　④**制度＆システム**活用
　⑤**他人活用**：他人のアタマ＆知恵の活用

3 共有化すべきは「改善の原理・原則」や「定石・発想・考え方」である

改善活動を「持続・継続→定着化→活性化」させるには、「改善事例の共有化」が不可欠。

だが、厳密には、共有化するのは、「改善事例」そのものではなく、

◎改善の原理・原則・構造
◎改善の定石・方程式・公式
◎発想・考え方

——などである。

☆

なぜならば、「改善事例」そのものの共有化を訴えると、

◎「自分の仕事」とは違う「職種」だ
◎「自分の仕事」とは違う「業種」だ

——と言う人が出てくる。

そして、

◎「ピッタリの事例
——でなければ、
＊役に立てられナイ
＊参考にできナイ
＊ヒントにできナイ

——と言うだろう。

「消化力」のない人に「生の事例」を与えると、「消化不良」や「拒否反応」となる。

そのような人には、「他職場・他社・他業種の事例」を「自分の改善」に、応用・活用デキルように加工してやるべき。

◎自分の改善の「ヒント」に
——と、言われても、多くの人は、
◎自分の改善の「参考」にしてくれ
◎自分の改善に「役立」ててくれ
——と、「事例だけ」を示して、

たしかに、「事例だけ」を示して、
——という声が出てくるからだ。
＊業種が異なるから、参考にならない
＊職種が異なるから、参考にならない

◎「自分の仕事」とは違う「職種」だ
◎そのまま使える事例
◎「自分の仕事」とは違う

定石・発想・考え方を共有化

使える **定石**
役立つ **発想**
応用できる **考え方**

自分の仕事の改善に活用すべし

事例集

共有化 → 次の改善の参考にする

ただ単に「改善事例」を集めただけの「改善・事例集」では役に立たない。その改善の「原理・原則・構造」を解説し、事例に含まれている「定石・発想・考え方」を示すこと。

つまり、「事例・教材化」しなければ、「次の改善」への「ヒント・参考」に役立てることはできない。

単なる「事例集」を「事例・教材化」するには、

① 「事例の選択」
② 「事例の分類」
③ 「定石の記入」

——などが必要だ。

☆

すでに、「改善の方程式」や「改善の定石」に関する考え方が理解されている場合は、それだけでいい。

だが、そうでない場合は、それらの解説が必要だ。また、「改善の定石」や「問題→定石の対応表」などの添付も必要だろう。

133　第7章　改善は「ものマネ」大歓迎

事例教材の選択基準

「事例教材」の目的は何か。それは「事例＋定石」の組み合わせを数多く蓄積すること。

そして、それらをマネて、パクって、自分の改善に活用・応用することだ。

もちろん、「改善の達人」は自分でイロイロな改善から定石を読み取り、それらを大量に蓄積している。

だが、「改善の苦手な人」は、それらができない。

* 「職種」
* 「業種」

が異なるから応用できない──と言っている。

☆

社員の改善に対する「意欲・能力」を開発するための「補助具」としての「事例教材」の選択基準は、次の3点である。

① 「簡単な改善」
② 「わかりやすい改善」
③ 「社員にメリットのある改善」

☆

まかり間違っても、「優秀事例」など選んではならない。なぜなら、「優秀事例＝効果の大きな改善」であり、それは「会社にとってメリットある改善」に過ぎないからだ。

「改善意欲の開発」には、「改善＝自分にとって得である」が実感→納得できる事例、つまり、「社員にとって得」という改善を選択すべきである。

また、「複雑で、大掛かりな事例」はダメ。「簡単でわかりやすい事例」を選択すべきである。そのほうが「改善の定石・発想」を簡単に読み取り、それらを手っとり早く「自分の仕事の改善」に応用・活用できる。

「事例教材」の事例の「分類基準」

大量の「改善事例」を、ただ単に、「かき集めた」だけでは、消化力のない人を混乱させる。

ゆえに、わかりやすいように、消化しやすいように「仕分け＝分類」が勧められる。とりあえずは、次のような「分類基準」が勧められる。

① 「やめた改善」
② 「減らした改善」
③ 「変えた改善（○○化＋○○活用）」

● 「問題→対応別」の分類

* 「探す」→「探さナイ化」
* 「間違える」→「間違えナイ化」
* 「遅れる」→「遅れナイ化」
* 「危ない」→「危なくナイ化」

● 「改善の定石別」の分類

・見える化（視覚化・可視化）
・目立つ化（色分け化・目印化）
・定期化・定型化・定置化・定例化
・一体化・一本化・一元化・一括化
──など。

134

事例教材化のための分類

事例を「集めただけ」では、単なる「事例集」に過ぎない。
それらを **分類** → 定石付加で、**事例-教材** ができる。
教材化には、次のような分類が勧められる。

1) 改善**3原則**の分類（発想別の分類）
① **やめた**事例（不要やめた・ムダやめた・惰性やめた）
② **減らした**事例（部分的な廃止・停止・削除）
③ **変えた**事例（○○化・○○活用など）

2) **定石**別の分類（「問題→対策」の分類）
① イチイチそのつど → あらかじめ（事前対応・先手対応）
② さがす（アチコチ）→ 定置化（探さナイ化・探し易化）
③ ぐちゃぐちゃ（複雑・煩雑）→ スッキリ化（整理・整頓化）
④ 別々・バラバラ → 集約化・集中化・一本化・一元化・一括化・統一化

3) 改善の**レベル3段階**の分類
① **防止**（ない化）：間違えナイ化（ポカよけ化・フール・プルーフ化）
② **抑止**（にく化）：間違えニク化（表示・警告・強調・目立つ化など）
③ **緩和**（ても化）：間違えテモ→スグ、発見できる化・訂正できる化

4) **連続改善**事例＆**複合改善**事例
① やってダメなら、また改善
② やって良ければ、また改善
③ ヒント・参考・拝借・マネ・パクリ・応用

④ 高速・大量の「改善的・改善発表会」

「改善」に関することは、すべて、「改善的」であるべきだ。ゆえに、「改善発表会」も「改善的」でなければならない。

☆

では、「改善的」とは、どういう意味か。カイゼンにはイロイロな意味があるが、まずは、「改善の3定義」に従うならば、

① 「仕事のやり方」の工夫・変更
② 「大変」でなく、「小変」である
③ 「知恵」による制約対応・現実対処

また、「別の角度」から、

* 「やり方」を変えての「手抜き」
* 「不要・ムダ」からの「手抜き」
* 「目的」を意識した「手抜き」
* 「マジメな手抜き・真剣な手抜き」
* 「マンネリ打破・固定観念脱却」
* 前例打破・惰性脱却
* 「手っとり早さ」の重視
* 「手軽に、気楽に、実施」
* 「しつこく、しぶとく持続・継続」

——などの意味もある。

これらを「ひとこと」で言えば、

◎ 「手間をかけず」
◎ 「カネをかけず」
◎ 「知恵を出すのが改善」

——ということになる。

☆

しかし、改善で、最も重要なことは「改善」の「正式な定義」は、「目的」との「合致」である。なぜなら、

* 「目的」を
* 「より良く達成する」ための
* 「より良い手段の選択」
* 「よい良い方法の選択」

——だからである。

ゆえに、イロイロな「改善の要件」をいくら備えていても、「目的」に合致しないものは、けっして「改善的」とは言えない。

高速・大量の改善的改善発表会

① ワンミニッツ発表
② 手っとり早い発表
③ 気軽な発表

改善前	改善後
こんな問題があった	こうしてみた
効果	
少しは良くなった	

改善しました！

① わかりやすい事例
② おもしろい事例
③ 簡単な事例

改善発表会の目的

では、「改善発表会」の「目的」は何か。それは、「お互いの改善事例」の共有化である。

わかりやすく言えば、
「お互いの改善を、
＊マネて、パクって
＊さらに改善
＊もっと改善するため」
——である。

ゆえに、その「発表会の目的」を「より良く達成する」ための「やり方の工夫」あるいは、「方法変更・手段選択」があれば、それが「改善的・改善発表会」である。

それでは、具体的には、どのような「やり方の工夫」が勧められるだろうか。代表的な観点としては、次の4点が勧められる。

① 「発表事例」の「選択基準」
② 「大量・高速発表」（形式不要）

発表事例の選択基準

③「改善の定石」による解説
④「事例付・表彰状」

改善的・改善発表会における発表事例の「選択基準」は、

① 「社員にメリットのある改善」
② 「おもしろい改善」
③ 「わかりやすい改善」
④ 「簡単な改善」

——など。

一般的に、発表会には「優秀事例」が推薦され選抜される。だが、それは「改善的」ではない。

なぜなら、「効果の大きな改善」とは、多くの場合、「会社にとって、メリットの大きな改善」である。

つまり、それは「会社にとって、メリットの大きな改善」である。

しかし、改善は「会社のため」にやるものではない。ゆえに、「会社のための改善」が主流となっている発表会は改善的ではない。

「自分の仕事の改善」は、何よりも「自分のため」にやるものだ。つまり、「自分の仕事」が、

* 「ラクに」
* 「快適に」
* 「安全に」

——できるように、「自分のため」にやるのが改善である。

ゆえに、「改善的・改善発表会」の「発表会事例」は、

◎「社員にとってメリットのある改善」
◎「社員が得をした改善」
◎「社員にとって楽しい改善」

——を中心に選択すべきだ。わかりやすく言えば、

◎「ラクちん化」
◎「やりヤス化」
◎「イライラシナイ化」
◎「バタバタシナイ化」
◎「間違えナイ化」
◎「迷わナイ化」

——などの改善事例を「主役」とすべきである。

「自分の仕事の改善」は、何よりも「自分のため」にやるものだ。つまり、一般的に、効果の大きな「優秀事例」は、高度で専門的なものが多い。だが、そのようなものは、あまり役に立たない。

なぜなら、部署や専門が異なると、そのような「高度な事例」だと、その内容がよく理解できないからだ。よくワカラナイのに、なんとなく、

「すごいなー」

とオソレいっているだけである。それどころか、

「あんなスゴイことはデキナイ」
「自分にはムリだ」

と思わせ、かえって、改善活動にブレーキをかけることにもなりかねない。

そのようなことに、多くの社員の貴重な時間を使って、ワザワザ発表会をやるのは全くのムダ。「ムダなこと」は「やめる」のが改善である。

改善発表会の目的は、「次の改善」につながるように、「具体的な改善事例」を通じた「改善の原理・原則・定石・発想」の共有化である。

改善事例の選択基準

一般的に発表会といえば、高度な優秀事例が選ばれる。
だが、それは改善的ではない。なぜなら、改善発想や定石を

マネて、パクって、さらに改善、もっと改善

という「改善発表会」の「目的」に反するからだ。
「目的」に反するものは「改善的」ではない。

事例の選択も目的に合致したものでなければならない。

よって、次の３つの基準・観点から、事例を選択している。

① **ヒント・参考**になる改善の**定石・発想**
② **簡単**な改善、**わかりやすい**改善
③ **おもしろい**改善（盲点・前例＆惰性打破）

④社員にメリットのある改善

「自分の仕事の改善」は**自分のため**にするもの。
全社員が「自分の仕事」をラクに、快適に、安全に
できるよう「仕事のやり方」を工夫すれば、
その**結果**として、品質・衛生・効率・生産性も向上。
また、事故や不良なども減るので、会社の利益にもつながる。

＊**改善**＝やり方を変えての**手抜き**（手段選択・方法変更）
「単なる手抜き」は効率や品質の低下をもたらす。
だが、そこに「やり方の工夫・変更・選択」があれば、
自分もラク、そして相手も**トク**という**改善**となる

「次の改善」につながらない発表は「改善的」ではない。「次の改善」への「ヒント、参考、励まし」となるような「わかりやすい簡単な改善事例」を中心とすべきだ。

「わかりやすい事例」なら、誰でも、簡単に、その改善の「原理・原則・定石」を読み取ることができる。

そして、それを「自分の仕事の改善」に応用・活用できる。

大量の高速の発表

「発表会」と言えば、多くの人が「QC発表会」をイメージするのではないだろうか。

つまり、QCストーリーに沿って、だいたい15〜20分くらいかけて、じっくり説明するスタイルだ。

もちろん、「中サイズ」の問題の解決したと時間にわたって取り組み、解決したという場合には、そのような「発表のやり方」も結構だろう。

データを取り、QC7つ道具などのツールを活用して、分析し、計画的に「改善的融通」がきかなくなり、「手っとり早い改善」が阻害されるからだ。

しかし、弊害も多々ある。いわゆる「発表のためのQC活動」や「大人の学芸会」などと揶揄されたように、

＊「過剰な演出演技」
＊「偽装された発表」
＊「多大な準備時間」

——などで、ウンザリしている人も多いだろう。

最大の弊害は、ナンでもカンでも、データを取って、分析して——という QC手法でなければ、という形骸化・固定化である。

そのため「問題のサイズ」によって「取り組み方」を「使い分ける」という「判断力」や「柔軟性」が失われる。

とりわけ「日常業務」において、日常的に発生している「小さな問題」に対しては、「形式的な方法」は不要だ。いや、不要どころか、有害でもある。

なぜなら、「固定化された手法」は、「状況に応じて、選択・変更する」という「改善的融通」がきかなくなり、「手っとり早い改善」が阻害されるからだ。

「小さな問題の解決」には「仕事のやり方」を「小さく変える＝小変」で充分だ。

「小変＝改善」は「手っとり早さ」を重視する。ゆえに、「小変＝改善」の発表も、手っとり早いほうがいい。

そこで、「1件＝1分」の「ワン・ミニッツ発表」が勧められる。単に、

◎「何を」
◎「どうして」
◎「どうなったか」

を発表するだけなら、「1分＝60秒」で充分だ。

もちろん、それだけでは、「改善の定石や発想」までは、わかりにくいかもしれない。その場合には「2分間」の解説追加が勧められる。

「解説の方法」にもイロイロあるが、たとえば、

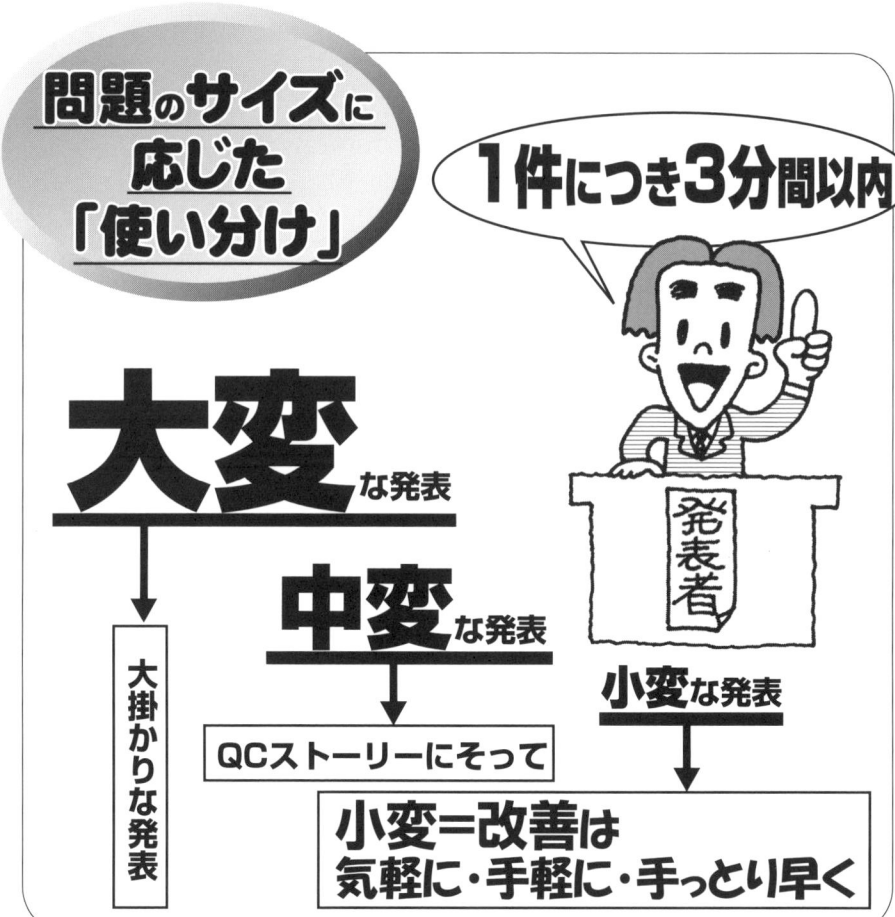

問題のサイズに応じた「使い分け」

1件につき3分間以内

大変な発表 → 大掛かりな発表

中変な発表 → QCストーリーにそって

小変な発表 → 小変＝改善は気軽に・手軽に・手っとり早く

---

① 「改善者・本人」が解説
② 「改善者の上司」が解説
③ 「事務局」や「推進委員」が解説
④ 「外部の講師」が解説
──する、など。

当初は「外部講師」が解説の見本を示すのもいいが、やがては、

* 「上司のコメントと講師の解説」
* 「上司のコメントと本人の解説」

──などのように、イロイロな「組み合わせ」の工夫が勧められる。

いずれにしても、とにかく「1件につき、3分以内」というのが、高速大量発表の「改善的・改善発表」の原則である。

これなら、「外部のゲスト発表」などを交えても、2～3時間で「30～50件」の大量の改善事例を共有化できる。

「方程式と定石」による改善的・解説

また、その解説も「難しいこと」を

141　第7章　改善は「ものマネ」大歓迎

コメントしたり、あるいは、形式的な「どうでもいいこと」をウダウダ説明することではない。

「改善の解説」も、やはり「改善的・解説」でなければならない。それには「改善の方程式と定石」を使っての説明が勧められる。

その改善に含まれている「改善の定石」を読み取り、それらの関係を説明するだけで、「次の改善」につながる「改善的・解説」となる。

たとえば、「部品を探すという問題」を解決した改善に対しては、

① なぜ、探していたのか
② アチコチに置いていたから
③ 「探す原因」が「アチコチ」なら、対策は「原因の裏返し」ゆえに、この場合は「定置化＝置く場所を定める」という「改善の定石」が改善となる
④ もちろん、「定めっ放し」でなく、「定置化→表示」の組み合わせで、「見える化→誰でもわかる化」となり、

「元に戻しやす化→元に戻る化」で「定置化」が維持・持続できる

⑤ そのおかげで、「探さナイ化」、あるいは「探しヤス化」というすばらしい改善ともなっている

――などのように。

また、その文言も、

「優秀だから表彰します」

などといった「アリキタリの内容」ではなく、「改善の定石」による解説で、

「どういう点が、スバラシイか」

――などを具体的に、明確に表現している表彰状である。

これなら、10枚の表彰状ならば、10枚とも、すべて異なる内容である。それを綴じれば、そのまま「表彰状付・改善事例教材」となる。これこそ、「改善的・事例教材」である。

もちろん改善的表彰には、いろいろなタイプやパターンがある。とりあえず左頁に3社の表彰状の見本を紹介す

「事例付・表彰状」あるいは「表彰状付・事例集」

発表会と言えば、「表彰状」がつきものだが、それもやはり「改善的」でなければならない。

一般的な「形式的・表彰状」はどうだろうか。その文面は、たいていは「アリキタリの、どうでもいいような文言の羅列」ではないだろうか。

そのようなものは「改善的」ではない。なぜなら、「改善に熱心な人」は、在職中に何度も表彰される。しかし、毎回、「同じ文言の表彰状」で、異なっているのは「日付」だけというのでは、なんともナサケない。

☆

改善は「具体的な事例」が命である。

ゆえに、改善の表彰状にも「事例」の付加、つまり、「事例付・表彰状」が勧められる。

NTTドコモ　東海支社

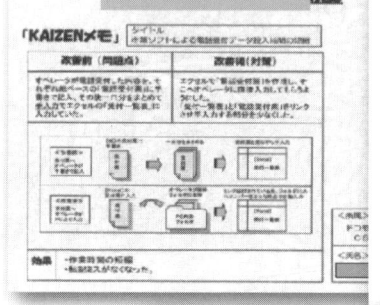

磐田市役所

静岡中小企業懇話会

第8章

各社の「改善事例&事例集」

① 「改善の方程式」
　　　　　を解説
② 「改善の定石・公式」
　　　　　　を記入
③ 改善的・事例付・
　　改善表彰状

1 各社のイロイロな「改善・事例教材」から「マネるべき視点・観点」

本章では、各社のイロイロな「改善事例集」を紹介する。これらは改善事例集の専門誌『創意とくふう』の毎月の掲載記事からの転載である。

「事例」を「集めただけ」の単なる「改善事例集」ではなく、すべて、

① 「事例の選択」
② 「改善の分類」
③ 「定石の記入」

によって「事例・教材化」されている。

「教材化ノウハウ」は、続編『改善上級講座』にて詳しく解説予定だが、ここでは、各社の「改善事例教材」をど

のような観点で見るべきか、簡単に説明する。

☆

最も簡単なのは「やめる・減らす・カエル」という「改善の3原則」に沿った分類だろう。つまり、

① 「やめた改善」
② 「減らした改善」
③ 「変えた改善」

——である。

これらの共有化によって、

「改善のレベル・アップ」を推奨している段階では、そのための、

① 連続・改善事例（積み重ね改善）
② 複合・改善事例（組み合わせ改善）

——が勧めらる。

③ 「変えヤス化」

——ができる。

我々の仕事には「不要」とわかっていても、簡単に「やめられナイ」ものがある。

だが、大量の「やめた改善事例」の共有化は「やめる勇気」をもたらす。

☆

「改善事例集」
① 「やめヤス化」
② 「減らしヤス化」

改善の発想

改善の3原則

1 やめる
- かつて必要、今は不要
- 世間は必要、ウチでは不要
- 例外的に必要、原則は不要

2 減らす
- 回数を減らす
- 頻度を減らす
- 量を減らす
- 長さを減らす
- 重さを減らす
- 種類を減らす

3 変える
- 組み合わせを変える
- 素材・部品を代える
- 手順・方法を改える
- 視点と立場を換える

だが、まだそのようなレベルでなく、もっと気楽で手軽な改善を推奨すべき段階では、とりあえず「だけ改善・事例集」の作成が勧められる。つまり、

「色を変えた・だけ」
「線を引いた・だけ」
「右のものを左にした・だけ」
「縦のものを横にした・だけ」

——など。

これらの「共有化」によって、我々の仕事には「〜する・だけ」で、結構

* 「わかりヤス化」
* 「やりヤス化」
* 「ラクちん化」
* 「迷わナイ化」
* 「間違えナイ化」

——など、改善デキルことがわかる。

この「だけ・改善事例・教材」こそ、「手軽で、気楽な改善」を後押しする「補助具」である。

☆

なお、「各社の概要データ」は『創意とくふう』誌に掲載当時のもの。

やり方をカエル？ カイゼン	カイゼン メモ Ver. 02	管理番号	905033
	日付：		
	所属： 　　　氏名：		

改善前（現状、問題点）
使い終ったクリップやサチャック、また、はずしたホチキスのが机上に(ちらかってしまい)片付けが(メンドウだった。)

〇めんどうくさくないイヒ

改善後（対策）
引き出しに(トレイを入れ)、それぞれの回収用とした。

《絵や図を簡単に》

―カイゼンメモは3分、100文字以内で「要するに‥‥」とつぶやきながら感覚に書きましょう―

効果
引き出しをあけて、そのトレイの中に(おとすだけ)なので、(いろいろ)つまんだりしなくても片付けができてラクになった。

上司コメント（カイゼンの定石）
段取り化　　　やりやすイヒ

事務局コメント
(そうじをしやすくする)らしカイゼンの例です。

評価　（上司がいずれかに○印）
良い　・　大変良い　・　二次評価へ

サンゴバン㈱ 機能樹脂事業部

「何が問題か」を丸囲みで強調。
「メンドウくさい」なら、それを裏返して、
「メンドウくさくナイ化」するのが、カイゼン。
同じように、「原因」を見つけ、それを裏返す。
加えて、「効果」の総括を丸囲みで強調。
これで、このカイゼンの「定石」が浮き彫りに！

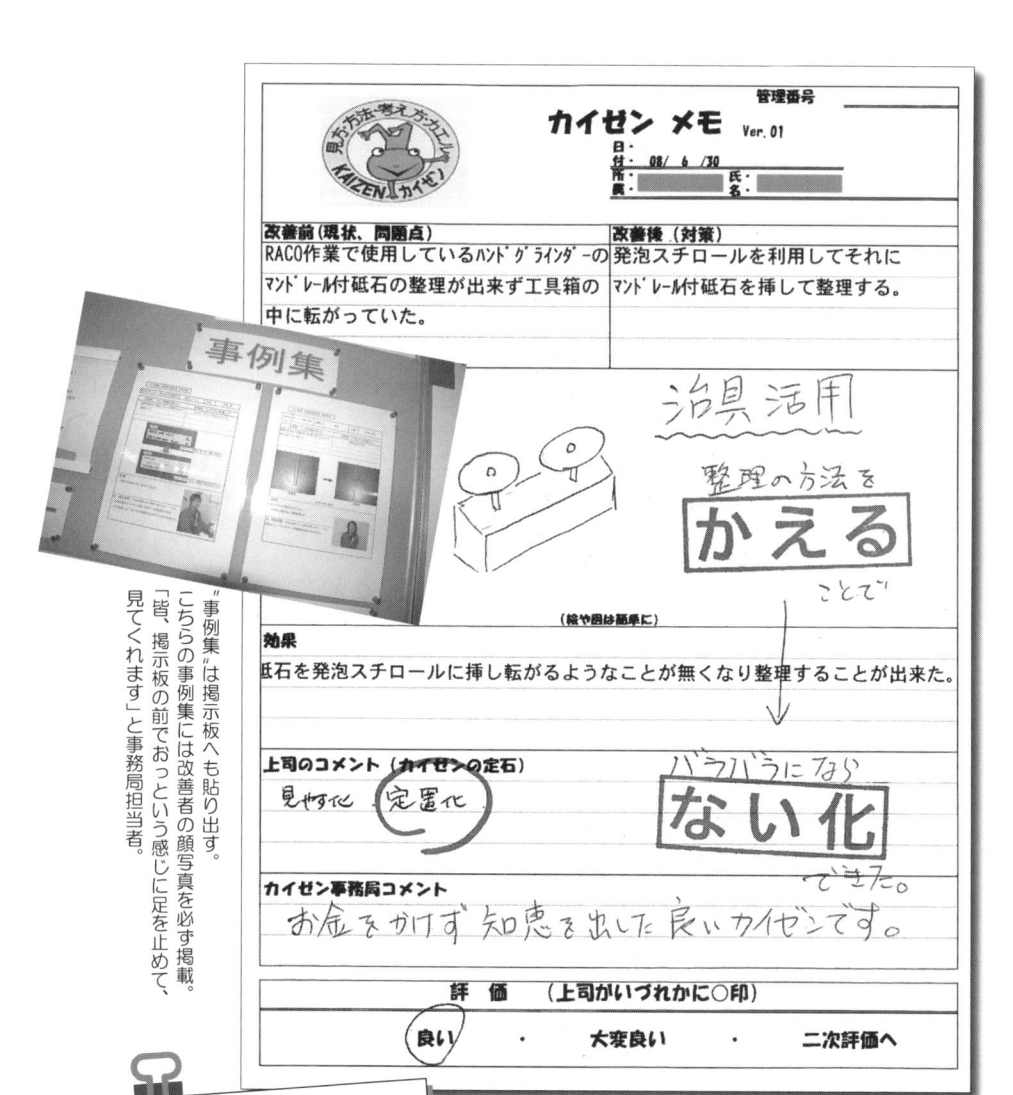

カイゼン メモ Ver.01

管理番号
日付／08/6/30
所属：　　　氏名：

改善前（現状、問題点）	改善後（対策）
RACO作業で使用しているハンドグラインダーのマンドレール付砥石の整理が出来ず工具箱の中に転がっていた。	発泡スチロールを利用してそれにマンドレール付砥石を挿して整理する。

（絵や図は簡単に）

治具活用
整理の方法を**かえる**ことで
↓
バラバラになら**ない化**できた。

効果
砥石を発泡スチロールに挿し転がるようなことが無くなり整理することが出来た。

上司のコメント（カイゼンの定石）
見やすい化・定置化

カイゼン事務局コメント
お金をかけず知恵を出した良いカイゼンです。

評　価　（上司がいづれかに○印）
良い　・　大変良い　・　二次評価へ

"事例集"は掲示板へも貼り出す。こちらの事例集には改善者の顔写真を必ず掲載。「皆、掲示板の前でおっという感じに足を止めて、見てくれます」と事務局担当者。

■会社概要
拠点／長野県諏訪郡
従業員／180名
設立／1975年
パリに本部を置き、世界46ヵ国に生産拠点を持つグローバル企業。板ガラス、容器、高機能材料、建築用製品並びに建材流通を扱う。

「詳細な改善用紙」と「緻密な審査・評価」で件数が落ちこみ、活動が低迷。そこで、改善シートを「3分間・100字以内で書けるシンプルなもの」に変更、複雑な審査もいっさい切り捨てた。
職場の上長には「定石一覧」を配布、部下の改善シートに目を通し、コメント欄に「定石」を書き添えるよう、依頼している。

提出月日		12月	23日
標題	マグネットバンドの利用		

個人改善ですか、グループ改善ですか、○印をして下さい。　(個人)／グループ

絵や図のほかに写真を使うと分かりやすいですよ！

所属	氏名	社員No.	改善部署整理No.	事務局受付No.
製造セクション U2ライン				04120279

事前対応

※このような問題があった
高所へ登ってネジ締めする時に、
手にネジを持って登ると危険だったり
締め付けの隙置き場所を探したり
ネジを下に落とす事があった

※このように改善した
マグネットバンドを利用した

あらかじめ

いちいち、
そのつど

※このような効果がでた。(予想される)
両手での作業が可能となりネジを落とす危険も無くなった

なるほど

即断・即決結果　　　　　　　　　　審査者

㈱牧野フライス製作所

KAIZEN事例集　8月号

「問題」は何か。
「原因」は何か。
それぞれを裏返せば、「対策」が見えてくる。
「イチイチ・そのつど」が「問題」なら、
「あらかじめ」で「事前対応」。
これぞ「定石」が示すカイゼンの骨太の骨格！

150

■会社概要

本社／東京都目黒区
生産拠点／厚木（神奈川県）、
　　　　　富士勝山（山梨県）
従業員／3382名
創　業／1937年
先端技術志向で金型・部品向けマシニングセンタ（複合加工機）を主軸に、NC放電加工機、CAD／CAMシステムの設計、製造、販売。

部門長が選んだ事例をカイゼン委員たちがまとめ、毎月、事例集を作成→発行。掲載は1回5〜10事例ほど。「ものすごくムズカシイ事例はあえて選ばず、『着眼点のよいもの』『おもしろいもの』を選択。当初は『カイゼンってこんなこと』と理解してもらうため、『表示した』など基本的なものばかり選んでいました。」イラストやキーワードを加え、わかりやすく編集。

沖縄ガス㈱

付表-1　自分の仕事と職場の KAIZEN

報告書（実施済）☑
相談書（未実施）□

テーマ（改善の題名）：振休・代休申請書の改善

改善の分類　　　　　　　　　　　　　　　　分類番号⇒

① 事務能率・作業能率の増進　② 労力・エネルギー・資材・用品・経費等の節減　③ 機械・設備・備品・用品等の改善
④ 保安・保全等の改善　⑤ 生産性の向上及び工数低減　⑥ 安全・衛生・職場環境の改善　⑦ 不良品・廃品等の再活用　⑧ 誤作動の防止　⑨ 販売促進・サービスの向上　⑩ 規律向上・士気の高揚　⑪ その他（　　）

なるべく図で分かり易く記入のこと

問題点（改善前）⇒着眼

年休の申請書には社員No.がかかれているが、振休申請書にはかかれていないため、Excelに年休入力をする時、そのつどNo.を調べなくてはならなかった。

→ 面倒＝手間がかかる

☑ **改善内容⇒着手（改善後）**　□ 改善内容⇒着想

振休の申請書にも、社員No.を書くスペースを作った。

（あらかじめ　定型化）←

有形・無形効果　（実効果・予測効果）

☑ 実施済
□ 未実施

申請者が予め社員No.を記入してくれるようになり、調べる手間が省けた。

経済効果（金額）⇒　　　千円/年　　短縮した時間⇒　　　hr/年

	能力開発・人材育成（奨励金）		対価（褒賞・報奨）	指導・回答・コメント・2次評
	効果有り	かなり効果有	すごい効果有	
実施	300円 16〜25点	500円 26〜40点	1,000円 41点以上⇒ 部内審査へ	いちいち、そのつど に対(応)... 定石「あらかじめ」「定型(化)」... 良い改善ですね。これ... (待)った改善を期待して...
着想	助言・支援・（上司によるOJT）			
	100円 16点未満	300円 16〜25点	500円 26〜40点	※小集団活動等の報告に対する奨励金は、金額×対象人数分、ただし対象人数上限を8人とする。
眼着	助言・指導・（上司によるOJT）			

◎ 500円までは、改善内容と改善者を見比べて所属の推進者が即決する。
◎ 41点以上と判断される改善は、付表2の評価基準を用いて、1,000円または部内審査行きを判定する。

（所属の推進者）

KAIZEN事例集 Vol.25
平成21年 7月〜12月実績
やってダメならそれでもダメならまた改善
沖縄ガス

「問題」に「イチイチ・そのつど」が出てきたら、対策は「あらかじめ」「定型化」。
では、どのように「定型化」すればよいか？
方法はイロイロあるが、その時々で「判断→使い分け」が必要だ！

付表－1　自分の仕事と職場の KAIZEN

報告書（実施済）☑
相談書（未実施）☐

テーマ（改善の題名）	申込書記入要領		
改善の分類	事務能率・作業能率の増進	分類番号⇒	1

① 事務能率・作業能率の増進　② 労力・エネルギー・資材・用品・経費等の節減　③ 機械・設備・備品・用品等の改善
④ 保安・保全等の改善　⑤ 生産性の向上及び工数低減　⑥ 安全・衛生・職場環境の改善　⑦ 不良品・廃品等の再活用　⑧ 誤作動の防止　⑨ 販売促進・サービスの向上　⑩ 規律向上・士気の高揚　⑪ その他（　　）

なるべく図で分かり易く記入のこと

問題点(改善前)⇒着眼

・ガス申込書を設計を通じて頂く時に口頭で伝えていたが、電話で再び記入方法を教える事がたびたびあった

要するに、何度も同じ説明をするのは非効率的で面倒
問い合せ処理も大変

改善内容⇒着手（改善後）　☐　**改善内容⇒着想**　☐

申込書のコピーに記入例を作成していっしょに手渡すようにした。

あらかじめ作成してわかるⅣ

有形・無形効果　（実効果・予測効果）

☑ 実施済　いままでより記入の仕方が分かりやすくなり、問合せが減った。

☐ 未実施

経済効果（金額）⇒　　　　千円/年　　短縮した時間⇒　　　　hr/年

	能力開発・人材育成（奨励金）		対価（褒賞・報奨）	指導・回答・コメント・2次評価推薦意見
	効果有り	かなり効果有	すごい効果有	
実施	300円 16～25点	500円 26～40点	1,000円 41点以上⇒ or 部内審査へ	お客様へ、おしらせすることを具体的にすることによって、迷惑をかけない段取です
着想	助言・支援（上司によるOJT）		◎小集団活動等の報告に対する奨励金は、金額×対象人数分。ただし対象人数上限を8人とする。	
	100円 16点未満	500円 16～25点	500円 26～40点	
着眼	助言・指導（上司によるOJT）			

◎ 500円までは、改善内容と改善者を見くらべて所属の推進者が即決する。
◎ 41点以上と判断される改善は、付表2の評価基準を用いて、
1,000円ま～

（所属の推進者）　㊞

■会社概要

本社／沖縄県那覇市
従業員／104名
設　立／1958年
都市ガスの製造・共有・販売・サービスほか、簡易ガス事業、液化石油販売、ガス機器および関連機器販売

事務局では年2回、提出されたすべての改善シートをまとめ、自社事例集を作成→発行。
受付けた改善シートに事務局で「ヤメル」「ヘラス」「カエル」「定型化」などの「定石」をひとこと付記、改善者に戻している。

日本トラック㈱

改善内容のみ

■実施済み　□改善予定　□問題点のみ

改善前（問題点）	改善後（対策）
共同倉庫内に、作業者の歩行導線に凹凸がありました。	出っ張っているコンクリートを削り取った。
作業者＆パトロール者が良く躓いていた。	

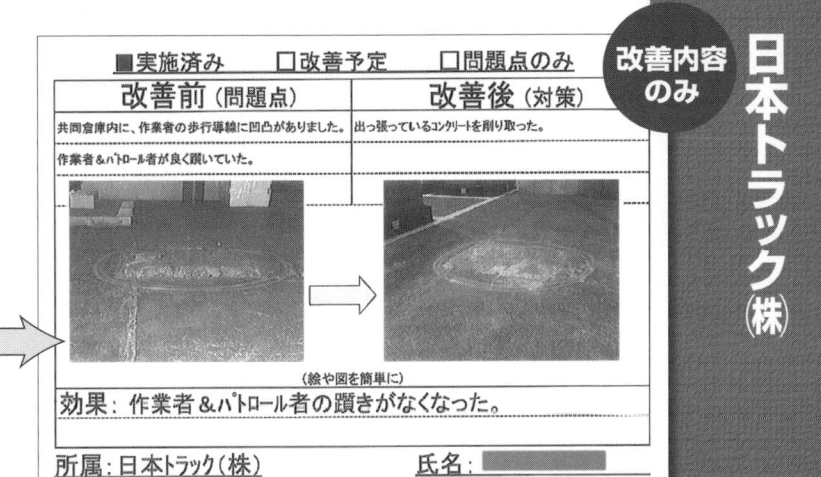

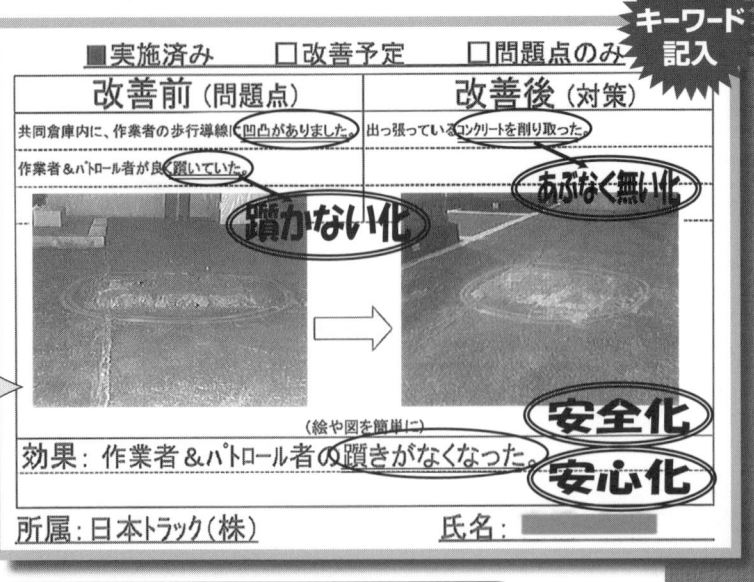

（絵や図を簡単に）

効果：作業者＆パトロール者の躓きがなくなった。

所属：日本トラック（株）　　氏名：

キーワード記入

■実施済み　□改善予定　□問題点のみ

改善前（問題点）	改善後（対策）
共同倉庫内に、作業者の歩行導線に<u>凹凸がありました。</u>	出っ張っている<u>コンクリートを削り取った。</u>
作業者＆パトロール者が良く<u>躓いていた。</u>	（あぶなく無い化）
（躓かない化）	

（絵や図を簡単に）　（安全化）

効果：作業者＆パトロール者の躓きがなくなった。　（安心化）

所属：日本トラック（株）　　氏名：

「改善内容のみ」シートと「キーワード記入」シートを上下に並べた

上が、提出された改善シート。
下は、改善内容から「定石」を読み取り、「問題の裏返し」「原因の裏返し」「効果の総括」に分けて、簡潔に記入したもの。
これなら、「あぶなくない化？　なになに？」と興味をひき、カイゼンを読むのがおもしろくなる！

154

| ■実施済み　□改善予定　□問題点のみ | 改善内容のみ |

改善前（問題点）　入荷時はビニールが掛かってないので、出荷指示が遅いと埃で汚れる。

改善後（対策）　出荷指示が遅いと判断した製品にはビニールを被せるようにしました。

効果： 埃で汚れないので、出荷指示が遅れても出荷可能になりました。

所属： 日本トラック（株）　　氏名：

| ■実施済み　□改善予定　□問題点のみ | キーワード記入 |

改善前（問題点）　入荷時はビニールが掛かってないので、出荷指示が遅いと埃で汚れる。

→ 埃にならない化

改善後（対策）　出荷指示が遅いと判断した製品にはビニールを被せるようにしました。

→ カバー化

→ あらかじめ　→ 予防改善

効果： 埃で汚れないので、出荷指示が遅れても出荷可能になりました。

所属： 日本トラック（株）　　氏名：

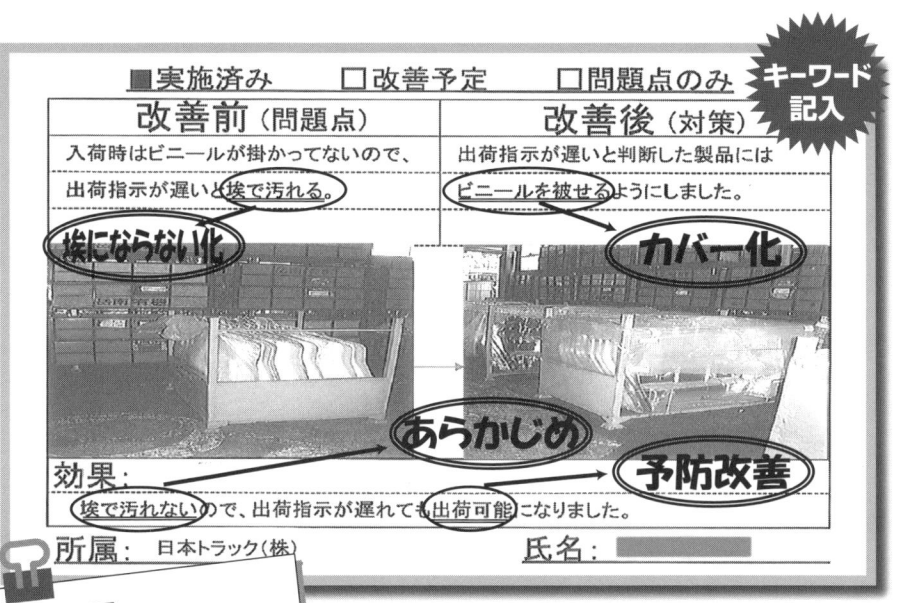

■会社概要

本社／神奈川県大和市
従業員／181名
創　業／1950年
いすゞライネックス（いすゞ自動車㈱、物流部門請負）
㈱湘南ユニテック（自動車や建設機械等の部品メーカー）
を主な取引先とし、工場間での部品輸送、工場内での受付、ピッキング業務を請け負う。

半期ごとの全社改善事例発表会ではすべてのカイゼンについて講師が「定石（キーワード）」を使ってポイントを解説。
終了後はキーワード入り事例集を作り、各職場に配布。事例集では「改善内容のみ」シートと、「キーワード記入」シートを上・下に並べ、「改善の定石」を際立たせた。

㈱ハウマッチ

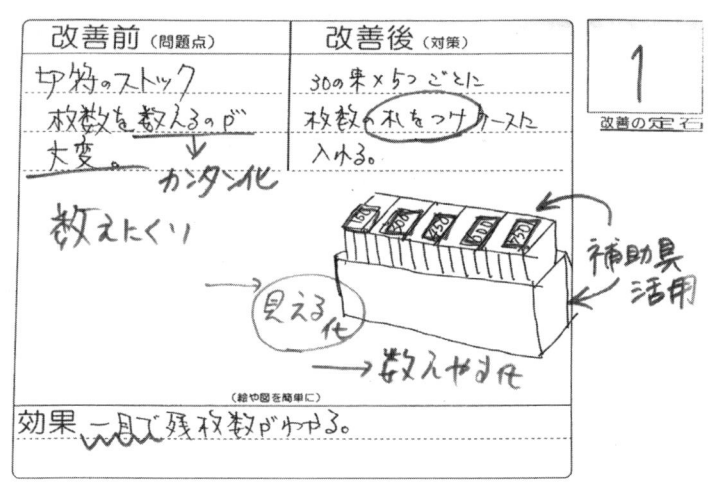

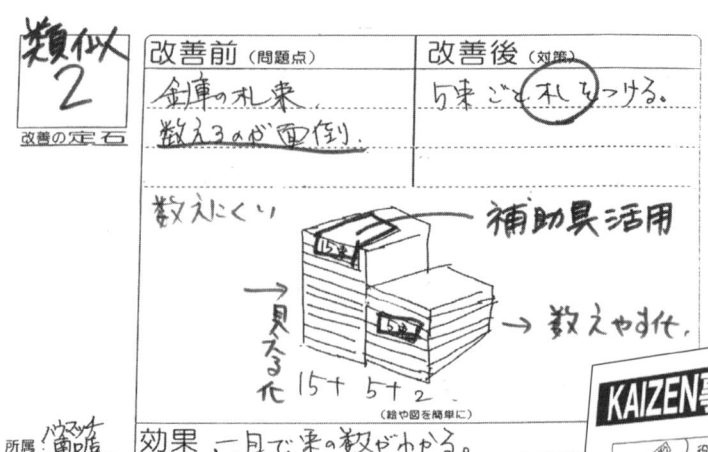

1 改善の定石

改善前（問題点）	改善後（対策）
切符のストック 枚数を数えるのが 大変。	30の束×5つごとに 枚数の札をつけケースに 入れる。

数えにくい
→カンタン化
→見える化
→数えやすく
補助具活用

効果 一目で残枚数がわかる。

類似2 改善の定石

改善前（問題点）	改善後（対策）
金庫の札束 数えるのが面倒。	5束ごと札をつける。

数えにくい
→見える化
15+5+2
補助具活用
→数えやすく

所属：ハウマッチ南口店
氏名：

効果 一目で束の数がわかる。

KAIZEN事例集

同じ「定石」をもつカイゼンを上・下に並べる。
つながりのあるカイゼンを上・下に並べる。
これぞ、編集の技！「並べ方」の妙！
並べ方を変えるだけで、
カイゼンの原理・原則・定石が際立つ。
ナルホド感UPで理解→ナットクにつながる。

156

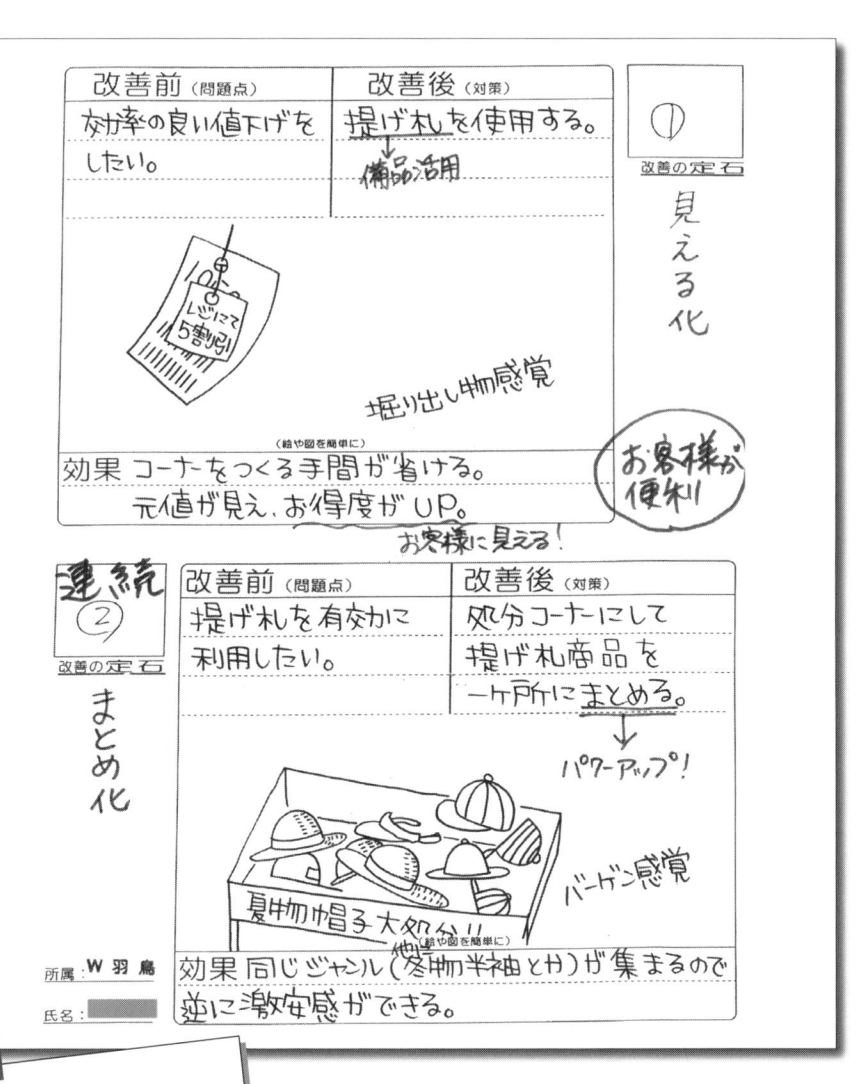

改善前（問題点）	改善後（対策）
効率の良い値下げをしたい。	提げ札を使用する。 備品活用

① 改善の定石 **見える化**

堀り出し物感覚

効果 コーナーをつくる手間が省ける。
元値が見え、お得度がUP。

お客様に見える！
お客様が便利！

連続② 改善の定石 **まとめ化**

改善前（問題点）	改善後（対策）
提げ札を有効に利用したい。	処分コーナーにして提げ札商品を一ヶ所にまとめる。 →パワーアップ！

夏物帽子大処分!! 他
バーゲン感覚

効果 同じジャンル（冬物半袖とか）が集まるので
逆に激安感ができる。

所属：W羽鳥
氏名：

■会社概要
本社／静岡市　創業／1987年
社員／230名（パート、アルバイト含）
静岡市を中心に古本屋「ブックオフ」のフランチャイズ店や金券ショップ、古着や中古家具、ブランド品などのディスカウントショップを展開する。

「3分・100字以内」で書き出せるシンプルな用紙はパート、アルバイトさんたちにも好評。
毎月15日を「改善の日」とし、各店舗にカイゼンニュースレターをファクスするなど、さまざまな角度からカイゼン活性化に力を入れている。

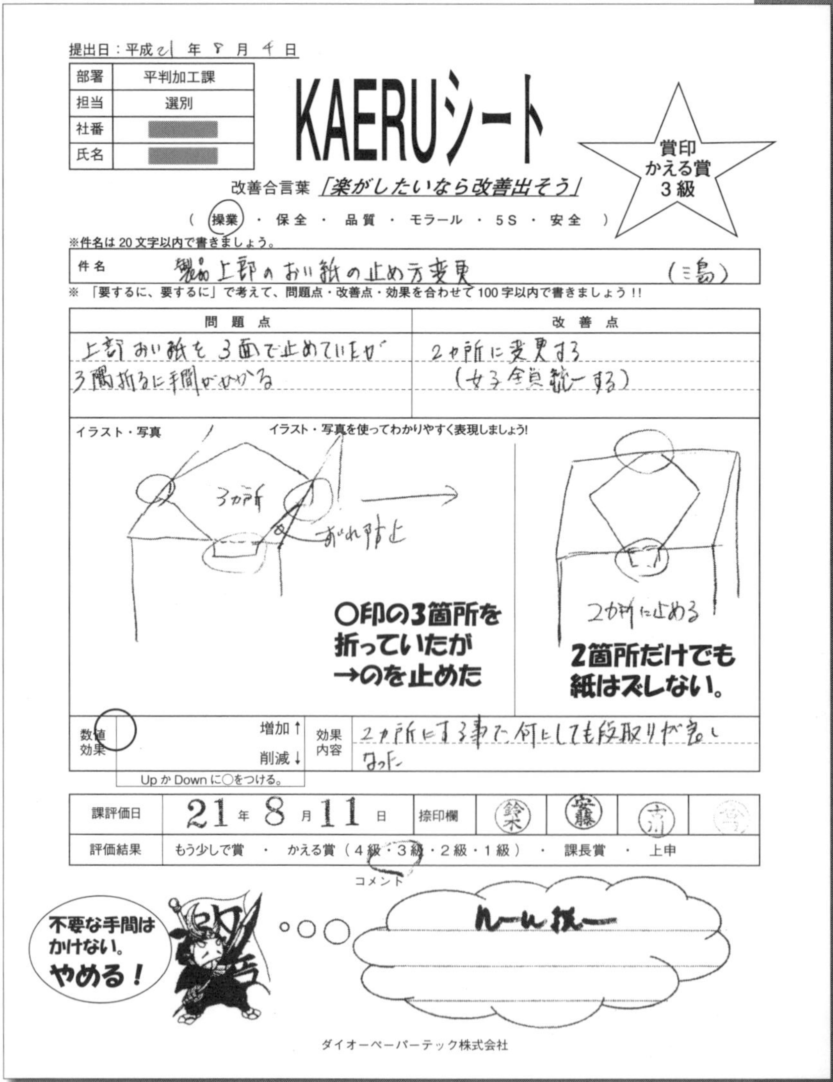

提出日：平成 21 年 8 月 4 日

部署	平判加工課
担当	選別
社番	
氏名	

KAERUシート

改善合言葉「楽がしたいなら改善出そう」

(操業)・保全・品質・モラール・5S・安全

賞印
かえる賞
3級

件名　機加上部のおい紙の止め方変更　（三島）

※「要するに、要するに」で考えて、問題点・改善点・効果を合わせて100字以内で書きましょう!!

問題点	改善点
上部おい紙を3面で止めていたが 3面折るに手間がかかる	2ヶ所に変更する （女子全員統一する）

イラスト・写真

○印の3箇所を折っていたが→のを止めた

2箇所だけでも紙はズレない。

数値効果　増加↑／削減↓

効果内容：2ヶ所にする事で何としても段取りが良くなった

課評価日　21年 8月 11日

評価結果　もう少しで賞　・　かえる賞（4級・3級・2級・1級）　・　課長賞　・　上申

コメント：んー取ー

不要な手間はかけない。やめる！

ダイオーペーパーテック株式会社

ダイオーペーパーテック㈱

「問題」は「手間がかかる」こと。
では、「手間がかかる」原因は？
「3カ所折っているから」。
では、「2カ所」にヘラスことはできないか？
── というようにムダ取りをすすめる。
ムダ取りのプロセスを「定石」でリード！

提出日：平成 1 年 9 月 日		No.
部署	平判加工課	
担当	カッター	
社番		
氏名		

KAERUシート

賞印 かえる賞 3級

改善合言葉 「楽がしたいなら改善出そう」

(㊝操業 ・ 保全 ・ 品質 ・ モラール ・ 5S ・ 安全)　三島・麗海

※件名は20文字以内で書きましょう。

件名	耳無し原反トリムの蓋

※ 「要するに、要するに」で考えて、問題点・改善点・効果を合わせて100文字以内で書きましょう！！

問題点	改善点
耳無し原反断裁時はトリムを使用しないのに開けたままにしていたため、異物混入のおそれがあった。	耳無し原反断裁時はトリムの蓋をする

イラスト・写真　　イラスト・写真を使ってわかりやすく表現しましょう！

着脱できるのが
とても便利です。

フタをする。

数値効果	増加 ↑ 削減 ↓	効果内容	配管内に異物混入の防止になった

UpかDownに○をつける。

課評価日	21 年 9 月 30 日	捺印欄			
評価結果	もう少しで賞 ・ かえる賞（4級・③級・2級・1級） ・ 課長賞 ・ 上申				

コメント

基本に忠実な作業ですね

ダイオーペーパーテック株式会社

■会社概要

本社／愛媛県四国中央市
従業員／115名
設　立／1974年
日本を代表する大王製紙㈱のグループ企業。
大王製紙が製造した紙の裁断・加工を主な業務とする。

1人の社員が年間平均315件のカイゼンを出す。これは日本で2番目に多い「件数」だ。では、どのような推進方法を？
まず、改善用紙が書きやすい。しかも、評価欄がスッキリしている。だから、「うん！3級」など、あまり時間をかけずに即決できる。

ヤマハ㈱

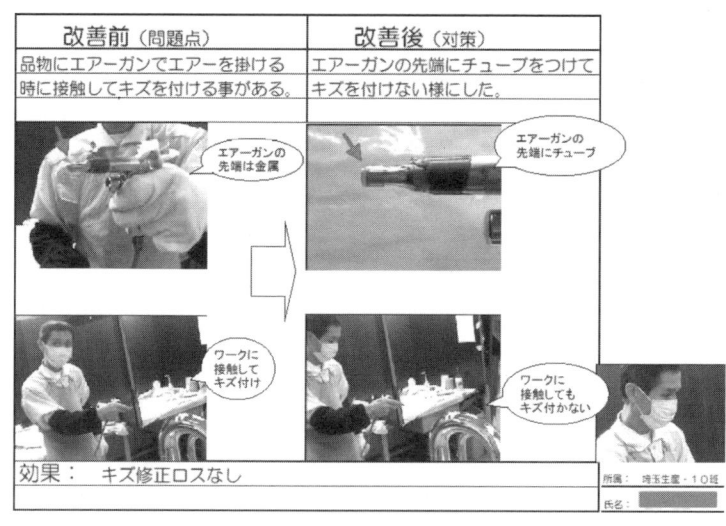

改善前(問題点)	改善後(対策)
品物にエアーガンでエアーを掛ける時に接触してキズを付ける事がある。	エアーガンの先端にチューブをつけてキズを付けない様にした。

エアーガンの先端は金属

エアーガンの先端にチューブ

ワークに接触してキズ付け

ワークに接触してもキズ付かない

効果： キズ修正ロスなし

所属： 埼玉生産・10班
氏名：

キズつけない化
あらかじめ先手対応

補助具活用
カバー化

改善事例集
改善事例教材

KAIZEN カイゼン

簡単な改善
わかり易い改善
おもしろい改善

ヤマハ㈱埼玉工場

「どのような」問題を、「どう」対策したか ── を
カイゼン写真と短い言葉で、わかりやすく解説。
これぞ、ワンピクチャー・ワンメッセージの威力！
加えて、「定石」を特大文字で表記。
ひと目で「このカイゼンの何をマネ・パクればよいか」
がわかる！

160

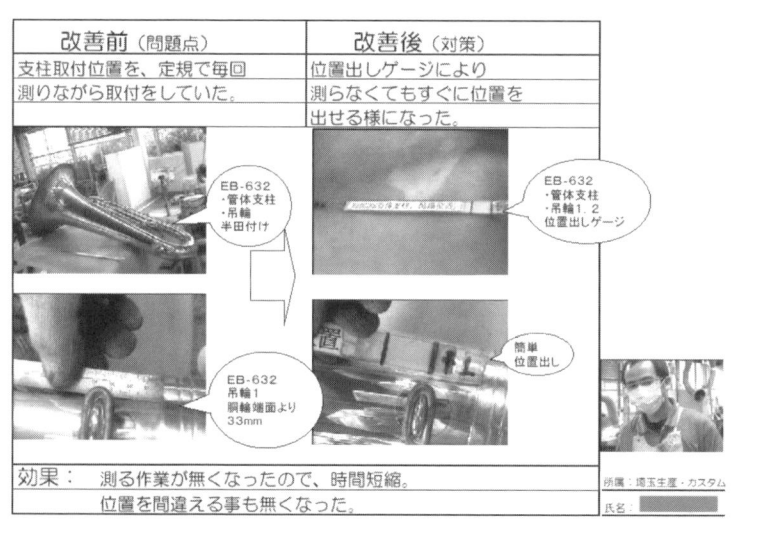

改善前（問題点）	改善後（対策）
支柱取付位置を、定規で毎回測りながら取付をしていた。	位置出しゲージにより測らなくてもすぐに位置を出せる様になった。

EB-632
・管体支柱
・吊輪
半田付け

EB-632
・管体支柱
・吊輪1、2
位置出しゲージ

簡単位置出し

EB-632
吊輪1
胴輪端面より
33mm

効果： 測る作業が無くなったので、時間短縮。
位置を間違える事も無くなった。

所属：埼玉生産・カスタム
氏名：

測定するな 設定せよ
イチイチ・そのつど

あらかじめ
ゲージ化
やりやす化
間違えない化

■会社概要

本社／静岡県浜松市
従業員（グループ連結）／25,658人
創業／1887年
設立／1897年
楽器はじめ、業務用音響機器、AV機器、半導体、ゴルフ用品などの製造・販売

改善事例発表会では必ず、事務局や職場リーダーらが自社事例を教材とした『カイゼン事例集』を作成。実際にカイゼンを取材し、写真に撮り、改善者の顔写真を載せて編集。これが更なるカイゼンにつながっていると言う。

改善提案メモ

所属	■ 実施済	オリエント化学工業株式会社
	□ 未実施	改善審議委員会

標題　汚泥引抜ポンプ付近 排水の臭気防止

改善前（こんな問題があったので...）	改善後（こんな対策をとりました。）
臭気が、この排水管内部より、上がってくる恐れがあった。	フタをし、臭気がもれないよう、パッキンをつけた。

〈改善前〉
臭気
用途の為
臭気が上がってくる恐れがある

〈改善後〉
※フタをし、臭気がもれない様、パッキンをつけました。
※点検しやすい様、取手もつけました。

効果 / 補足説明

改善の定石
- □ みえる化
- □ らくちん化
- □ 安全化
- □ 省エネ化
- □ その他

改善評価 5要素	1 水平展開	2 簡単にできる	3 時間短縮(10%以上)
	4 おもろい、エエなぁ〜	5	

――――

改善の定石を「みえる化」「らくちん化」「安全化」「省エネ化」「その他」とシンプルに分類。
チェック式なら、手軽だ。
さらに、類似改善や連続改善を上下に並べれば、
カイゼンの着眼・着想・ノウハウが
さらにわかりやす化！

オリエント化学工業㈱

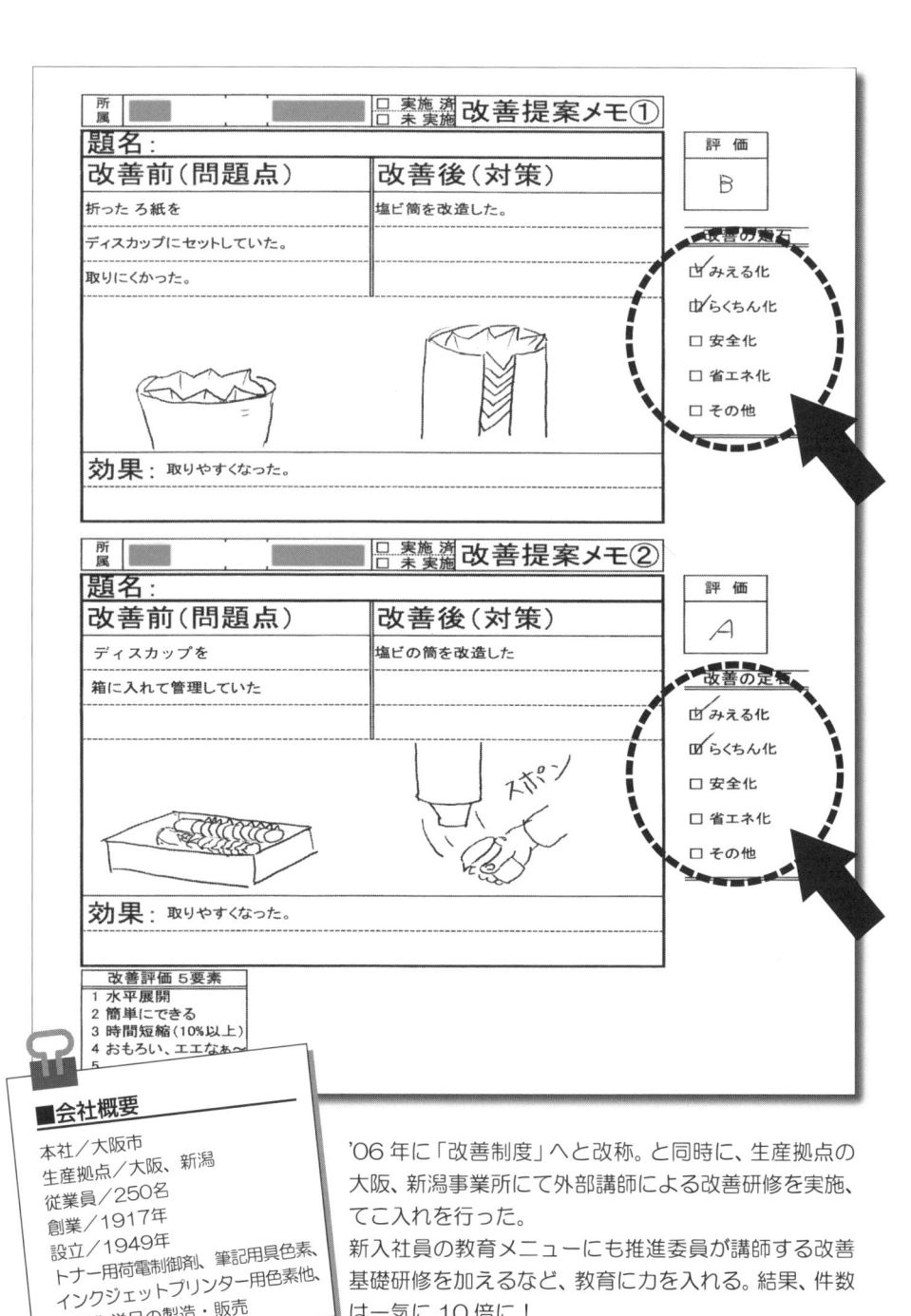

所属	▢ 実施済 ▢ 未実施	改善提案メモ①

題名：

改善前(問題点)	改善後(対策)
折ったろ紙を ディスカップにセットしていた。 取りにくかった。	塩ビ筒を改造した。

効果：取りやすくなった。

評価：B

改善の定石
- ☑ みえる化
- ☑ らくちん化
- ▢ 安全化
- ▢ 省エネ化
- ▢ その他

所属	▢ 実施済 ▢ 未実施	改善提案メモ②

題名：

改善前(問題点)	改善後(対策)
ディスカップを 箱に入れて管理していた	塩ビの筒を改造した スポン

効果：取りやすくなった。

評価：A

改善の定石
- ☑ みえる化
- ☑ らくちん化
- ▢ 安全化
- ▢ 省エネ化
- ▢ その他

改善評価5要素
1 水平展開
2 簡単にできる
3 時間短縮(10%以上)
4 おもろい、エエなぁ
5

■会社概要

本社／大阪市
生産拠点／大阪、新潟
従業員／250名
創業／1917年
設立／1949年
トナー用荷電制御剤、筆記用具色素、
インクジェットプリンター用色素他、
機能化学品の製造・販売

'06年に「改善制度」へと改称。と同時に、生産拠点の大阪、新潟事業所にて外部講師による改善研修を実施、てこ入れを行った。
新入社員の教育メニューにも推進委員が講師する改善基礎研修を加えるなど、教育に力を入れる。結果、件数は一気に10倍に！

やりやす化事例

にこにこ改善 　報告書（実施済）／相談書（未実施）　（該当するほうに○）

日研フード㈱

提出の流れ（実施済の改善報告書をご提出ください）
1. 本人記入 → 2. 上司に提出 → 3. コメントと奨金欄記入 → 4. 人事課近藤まで提出

タイトル
タックラベル貼りの改善

改善点・こんな問題があった	改善策・このように変えてみた
タックラベルを貼る位置を決めるボードをダンボールで作った。ケースの端に合わせて、位置を決めるが、位置がバラツいたりする。また時間もかかる。	ステンレスの板で専用のものを作り、ケースの端にあてがえるようステンレス板の端を折った。

改善の定石
- 問題の裏返し ⇨ 時間がかからないで
- 対策 ⇨ 補助具注用・素材を変える

補足説明（必要なら絵や図でわかりやすく、具体的に）

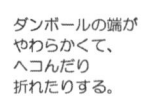

ダンボールの端がやわらかくて、ヘコんだり折れたりする。

効果・少しはよくなった（改善実施後、本人記入）
　　角に当てるだけでよいので楽になり、また、見た目も良くなりました。

上司からのコメント
　ダンボールでは、紛失や破れの可能性もあります。ステンレスの板で作成したものは丈夫で使いやすくもなりました。有難うございました。

「ムダ取り」「わかりやす化」など、「定石別」に事例を分類。さらに、シートに捺された「定石スタンプ」はスグレもの！
「問題の裏返し」は？ どう「対策」を？
このスタンプに誘導されるままに記入していけば、簡単×簡潔に「定石」を書き込むことができる！

164

わかりやすか化事例

にこにこ改善
報告書（実施済）／相談書（未実施）（該当するほうに○）

提出の流れ（実施済の改善報告書をご提出ください）
1. 本人記入 → 2. 上司に提出 → 3. コメントと奨金欄記入 → 4. 人事課近藤まで提出

タイトル
お茶/原料（A課・B課）使用する課の連絡について

改善点・こんな問題があった
- お茶/原料が入荷される際に、A課で使用分か、B課で使用分かの問い合わせが、生産管理課からよく来ていた。
- A課で使用分の原料がB課にいってしまうこと（またはその逆）があった。その場合、A課の倉庫が離れているため手間がかかっていた。

改善策・このように変えてみた
- お茶/原料の発注はA課の方が圧倒的に多いので、B課で使用するものだけを、入荷日前までに生産管理課に連絡するようにした。

（連絡のないお茶/原料はA課に回してもらうようにした。）

改善の定石
- 問題の裏返し ⇒ わかりやすか化
- 対策 ⇒ ルール化

補足説明（必要なら絵や図でわかりやすく、具体的に）
- B課でお茶/原料の発注依頼があった時点で、それを生産管理課に報告するようにした。（入荷まで日数がある場合は、1〜2日前に連絡）
- 多いときは口で伝えるのではなく紙に書いて連絡した。

効果・少しはよくなった（改善実施後、本人記入）
- 生産管理課からの問い合わせがなくなった。
- 以前は、A課で使用分とB課で使用分すべてを連絡していたときもあり、それに比べると自分の手間もかなり省けた。
- 入荷日前までに連絡するように変えたため、入荷日当日にあわてて調べることがなくなった。

上司からのコメント
業務の効率化につながっています。

■会社概要
本社／静岡県袋井市
営業所／東京、大阪
従業員／231名
創業／1964年
天然調味料、健康志向食品（粉末茶）の製造、販売。

'07年、従来の提案制度に加え、改善報告制度を導入。
半年に1回、提出された用紙を集め、改善事例集を編纂→配布。
「短い文でOK」「マネてOK」と表紙に明記し、「マネてパクッて、手っとり早く書き出す」ことを奨励している。

㈱菅文

HC野辺地店　■■■さん
「ペンキ缶の取っ手を前に出した」

改善の定石　向きの変更・取りやすさ化

ペンキ缶の補充の時、缶の持ち手を手前に出しました。
お客様も取り出しやすく買いやすくなりますね！

やったこと：	'18年 2月 4日
所属　ホームセンター野辺地	氏名
かえる前：	かえた後：
ペンキの缶の持つ所を後ろにして出す	缶の持ち手を手前にして出す

簡単なイラスト

結果：お客様が取り出しやすくなった
品物を出す時も出しやすくなった

平成18年度
改善！リフレッシュ運動
入賞者事例集
おめでとうございます！

平成17年度
発掘あるある大改善
入賞者事例集

H18. 9. 15発行

> カイゼンのエッセンスをタイトル欄
> に大きく書き出すことで、
> カイゼンの「定石」が
> クッキリ・ハッキリ明確になる。
> この事例から「何を学びとるべきか」
> がズバッとわかる！

HC岩手町店　　　　　　さん
「上敷き鋲の配列を変えた」
改善の定石　横→縦化・見えやすか化・取りやすか化

色ごとに横陳列だと一番下の段と上の段は目線から外れます。売れ筋の色を中央横陳列、他の色を縦陳列して見やすく改善！知恵ですね！

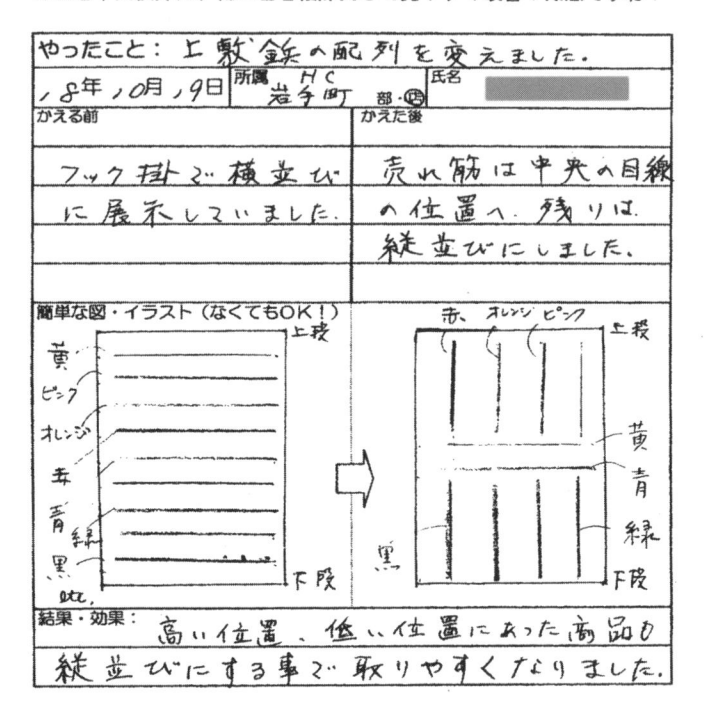

やったこと: 上敷鋲の配列を変えました。		
18年10月19日	所属 HC岩手町 部・係	氏名
かえる前		かえた後
フック掛で横並びに展示していました。		売れ筋は中央の目線の位置へ。残りは縦並びにしました。

簡単な図・イラスト（なくてもOK！）

（図：変更前は黄・ピンク・オレンジ・赤・青・緑・黒が上段から下段へ横並び。変更後は赤・オレンジ・ピンクが中央に、黄・青・緑が縦並び、黒が下段）

結果・効果：高い位置、低い位置にあった商品も縦並びにする事で取りやすくなりました。

■会社概要

本社／岩手県二戸市
岩手・青森県を中心に「ホームセンター菅文」を9店舗、物流センターを展開。
社員／280名（パート社員含む）
創業／大正3年
ホームセンター、建築資材販売、リフォーム、石油製品販売など。

活動の基本は『手間をかけない』ことだが、事例の共有化には力を入れる。事務局が各店舗をまわるときも、提出された改善シートを携帯。その店舗での改善を見せてもらい、その上で、「ほかにもこんな方法がある」と、他店の改善を紹介。「これが離れた店舗間では一番効果的」という。

姫路市

科学館営業日（休館日）の案内サインの設置

姫路科学館

〈カイゼン内容〉

　科学館では、休館日には「本日は休館日です」と手書きした看板を入り口に掲げていたが、それだけでは開館日や次の休館日がわからないため、効率的に休館日等を周知できる方法を考える必要があった。
　そこで、視覚的にわかりやすいカレンダー方式の看板を作成し、館内に掲示するようにした。
　看板には約2ヵ月分の休館日情報を掲載することとした。

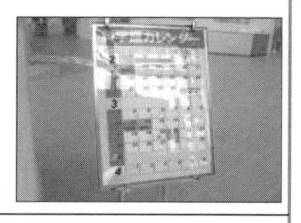

〈カイゼン効果〉

　来館者に、開館・休館日を効率よく周知することができるようになり、サービス向上につながった。

▶ カイゼンキーワード　・いちいち、わかりにくい　→　わかりやすい視覚化

支所業務時間の明示と駅前市役所・飾磨支所の案内

網干支所

〈カイゼン内容〉

　網干支所には業務時間の掲示がなかったため、市民の方が、朝何時から開くのかわからず、外で長時間待たれていたり、業務終了後に来所された方が、駅前市役所や飾磨支所で手続きできることを知らずに別の日に出直すなどされていた。
　そこで、網干支所の業務時間を入り口に掲示するとともに、駅前市役所と飾磨支所の案内も掲示することとした。

（網干支所のカイゼンを受けて、広畑支所でも実行されました。）

〈カイゼン効果〉

　来所された方が、出直すにしても、そのまま待つにしても時間の目安を持てるようになった。
　また、駅前市役所や飾磨支所での時間外の取扱いを案内したことで、その日のうちに手続きを終えることができるなど、市民サービスの向上につながった。

▶ カイゼンキーワード　・わかりにくい、二度手間、何度も　→　視覚化、あらかじ…

「わかりにくい」なら、「わかりやす化」すればよい。
では、「わかりやす化」するには？
カイゼンは「には→なぜ→どうしたら？」の
繰り返し。これがムダ取りにつながる。
「問題」→「着想」のキーワードが、ムダ取りの
プロセスと要諦をズバリ指し示す！

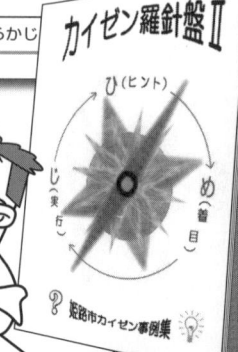

カイゼン羅針盤Ⅱ
ひ（ヒント）
め（着目）
じ（実行）
姫路市カイゼン事例集

臨時職員の賃金支払における支払通知書の廃止

会　計　課

〈カイゼン内容〉
　臨時職員の賃金支払に関する通知は、会計課からの「口座振替支払通知書」と所属課からの「賃金計算書」の２通あり、事務処理上の手間とコストの無駄を生み出していた。
　そこで、会計課からの通知を廃止した。

〈カイゼン効果〉
　事務の効率化と経費の削減につながった。

〈効果額〉　約 300,000 円

「やめる」に勝る
カイゼンなし！！

➡ カイゼンキーワード　・バラバラ、紛らわしい　→　一本化

外国人向けの３ヵ国語一括掲載案内チラシの作成

好　古　園

〈カイゼン内容〉
　これまでは、好古園に来園された外国人への対応として、英語・韓国語・中国語の３ヵ国語それぞれにチラシを作成し、案内を行っていた。しかし、チラシを配布する際に、来園された方の語学圏域がわかりづらく、どのチラシを渡せばよいか対応に苦慮していた。
　そこで、３ヵ国語を一枚にまとめた案内チラシを作成することとした。

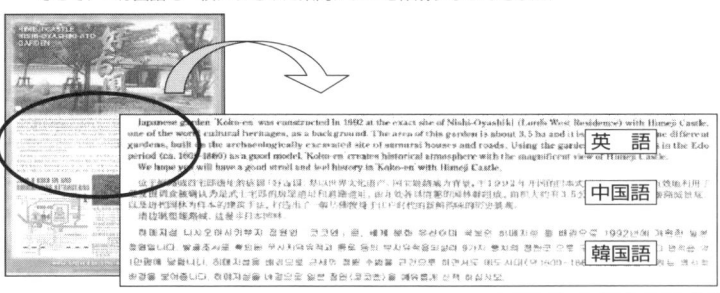

英語
中国語
韓国語

〈カイゼン効果〉　来園者に対して、窓口対応がスムーズに行えるようになり、サービスの向上につながった。

➡ カイゼンキーワード　・いちいち、わかりにくい　→　一本化

■市・概況
神戸市につぐ兵庫県第２の都市。平成８年、全国ではじめて中核市に移行、県の事務権限が市に大幅に委譲された。
職員数3,848名（10年4月1日現在）

'07年度から、全職員に庁内のカイゼンを共有化すべく、職員中心の改善発表会を年１回、実施。改善事例集『カイゼン羅針盤』を作成、全職員に配布している。
同書は、「いわゆる、カイゼンの教科書」。マネ・パクリやすい簡単な事例を数多く掲載したことが奏功し、活動活性化が図れているという。

静岡中小企業懇話会

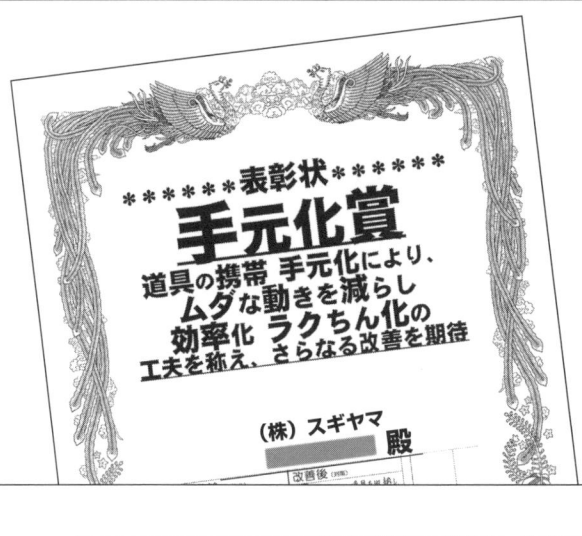

発表事例

「手元化賞」「やりやす化賞」――
それぞれの事例に含まれる「改善の定石」を
賞名とした、表彰状仕立ての事例集。
この「定石」こそ、各々の事例のポイントを
反映。すなわち、「着眼点」や「コツ」なり。
これぞ、改善テキスト化の要諦！

発表事例

表彰状
やりやす化賞

作業台の角度
可変化の改善により
仕事をラクに、やりヤス化
さらに、効率化・生産性UPへの
工夫を称え、さらなる改善を期待

YASUI　　　殿

改善前（問題点）	改善後（対策）
電気盤の部品取り付け・電気の配線が作業姿勢が悪く大変だった。	角度可変テーブルを製作した。 可変化 可動化

角度かえる → やりやす化

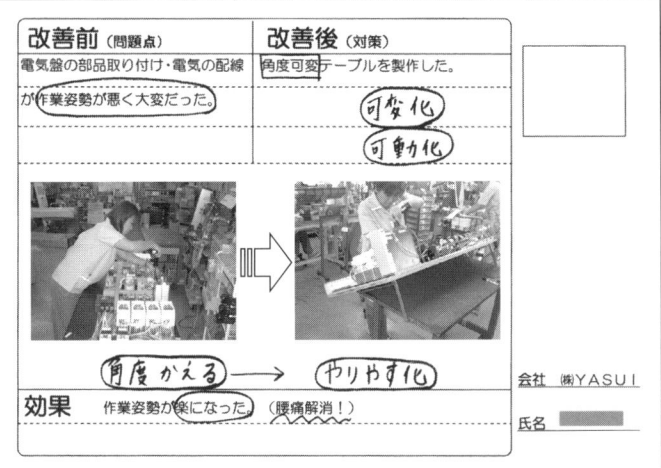

効果　作業姿勢が楽になった。（腰痛解消！）

会社　㈱YASUI
氏名

■会・概要

㈱日本政策金融公庫の静岡支店が取引のある企業同士の情報交換や相互研鑽を図るため、異業種交流の場として結成した組織。
30年近くにわたって活動に取り組んでいる。
現在の会員は約250社。

カイゼン導入→定着には「教育」が必要。だが、事情の厳しい中堅・中小企業では単独で行うのは難しい。そこで、同会が主催し、外部講師を招いて改善セミナーを実施。メンバー企業の改善活動導入や定着化、活性化に一役買った。その後も発表会開催、「カイゼン事例集」作成→配布など、各企業のカイゼンをバックアップしている。

第9章

改善 Q&A 一発解答

① 「ヒューマン・エラー」
　　を防ぐには
② どこまで「連続改善」
　　を続けるべきか
③ なぜ、「改善の顕在化」
　　が必要か

改善Q&A一発解答①

Q ヒューマン・エラーを防ぐには?

A 「改善的・ミス防止対策」を

人間は「間違える動物」だ。それはヒューマンエラーの専門書に、心理学・生理学・頭脳学などの観点から詳しく説明されている。

「人間＝間違える動物」と言うのに対して、「間違えるな」と言うのは、「人間をやめろ」と言うに等しい。それは「改善的対処」ではない。

☆

「間違い」を防ぐには、

① **間違えられナイ化**＝防止・排除
② **間違えニク化**＝難化・抑止
③ **間違えテモ化**＝影響緩和・波及防止
——という「3段階」の改善(工夫・対策=方法変更・手段選択)が必要。

「**間違えられナイ化**(防止・排除)」するには、次のような仕組みがある。

① 絶対に間違えられないような仕組み(ポカよけ＝フール・プルーフ)
② もし、間違えると、それ以上は先に進めない工夫(インター・ロック)
③ もし、間違えると、そこで中止・中断する仕組み(シャット・ダウン)

☆

「**間違えニク化**(難化・抑止)」する改善もある。

① 目立つ化(強調・似ない化)
② 警報・警告(ブザー・ランプなど)
③ 隔離(分離→混同・混乱しない化)

——などの工夫が有効。

そして、最後の手段として「**間違えテモ化**(影響緩和・波及防止)」という改善もある。

① たとえ、間違えても、スグわかる化。つまり、スグ検知・発見できる化
② たとえ、間違えても、スグ訂正、あるいは、修繕や修復がデキル化
③ たとえ、間違えても、その被害や損害を最小限に「食い止め化」

☆

もちろん、これらは「言葉」を羅列するだけでは、何の価値もない。何の効果もない。

とりあえず、「具体的な改善事例」を集め、「事例教材」を作成すること。それが「ミス防止」や「ヒューマンエラーの防止」につながる。

ヒューマンエラーを防ぐには
「ミス・エラー防止」の改善的・対処法

人間は「間違える動物」である。その理由はヒューマンエラーの専門書に心理学・生理学・頭脳学——などの観点から詳しく説明されている（興味ある人はそれらの勉強を）。

ゆえに、人間に対して「**間違えるな**」と言うのは「人間をやめろ」と言うに等しい。それは「改善的対処」ではない。

間違い：ヒューマンエラーを防ぐには
①まちがえられナイ化（防止・排除）
②まちがえニク化（難化・抑止）
③まちがえテモ化（影響緩和・波及防止）

——という「３段階」の改善（工夫・対策＝方法変更・手段選択）が必要である。

①まちがえられナイ化（防止・排除）
①間違えられないしくみ（ポカよけ＝フール・プルーフ）
②間違うと先に進めないしくみ（インター・ロック）
③間違うと中止・中断するしくみ（シャット・ダウン）

②まちがえニク化（難化・抑止）
①強調・目立つ化
②規制・警報
③分離・隔離

③まちがえテモ化（影響緩和・波及防止）
①間違えても、スグわかる化（検知・発見）
②間違えても、スグ訂正・修復できる化
③間違えても、被害・損害を食い止め化・最小化

それぞれ「具体的な事例」をとりあえず10→100件、共有化することが、「ミス・エラー防止」につながる。

改善Q&A一発解答②

Q 連続改善は、どこまで、いつまで、連続すべきか？

A 「ない化」が達成できるまで、根本的改善に至るまで連続すべし

「ない化」が達成できるまで、つまり、「根本的改善」に至るまで、改善を積み重ねるべし。

☆

「改善のレベル」には、次の「3段階」がある。

① ない化（防止・プルーフ化）
② にく化（難化・レジスト化）
③ ても化（波及防止・影響緩和）

たとえば、高所作業での落下事故に対する改善ならば、一番いいのは、「落ちナイ化」という改善である。

そのためには、「落下の原因」を取り除くこと。遠隔操作などで「登らなくてもいい」ような工夫ができれば、それで「落下事故」は完全に解決され、「根本的な改善」となる。

しかし、いつも「ない化」の改善ができるわけではない。その場合は、せめて「落ちニク化」の改善として、「滑り止め」や「足場の整備」などの工夫が勧められる。

そして、最後の手段が「たとえ、落ちてもケガしない」ように命綱やクッションなどを活用する「ても化」。すなわち、被害を最小限に食い止める「波及防止・影響緩和」という改善。

とりあえずは「ても化」の改善でいい。だが、それで満足してはならない。次は「にく化」の改善を、そして、最終的には「ない化＝根本的解決」を目指すべきである。

☆

不良という問題なら、とりあえずは、たとえ、不良が出ても、スグ発見できるという「ても化・改善」でもいい。

しかし、その次には、不良の発生を少しでも減らす「にく化」を、そして最終的に「不良ゼロ」を目指すべき。

お客様を待たせるという問題なら、最終的には「待たせナイ化」つまり「待ち時間ゼロ」を目指すべき。

だが、とりあえずは、
＊「待ち時間」を減らす改善
＊「イライラさせナイ化」の改善
というレベルから着手すればいい。

やってダメなら、**また改善**
それでもダメなら、**また改善**
やって良ければ、**さらに改善、もっと改善**
と言われているが、そのような
連続改善はいつまで、どこまでやるべきか？

ない化が**達成**できるまで
根本的改善に至るまで改善すべし

改善のレベルは**3**段階ある。
① **ない化**（防止・プルーフ化）
② **にく化**（難化・レジスト化）
③ **ても化**（波及防止・影響緩和）

　当初は、**たとえ**不都合が発生しても、損害を最小限に食い止める「ても化＝波及防止・影響緩和」の改善でいい。次に、不都合を少しでも減らすべく「にく化＝難化」の工夫をする。

　最終的には、**不都合ゼロ**を目指して**ない化**＝防止の改善に取り組むべし。改善の最終目標は
＊**事故ゼロ**
＊**不良ゼロ**
＊**待ち時間ゼロ**＝**待たせない化**である。

改善Q&A一発解答③

Q なぜ連続改善が重要・必要か？

A 連続改善こそ、改善＝Continuous Improvementそのもの

「連続改善」こそ、改善（Continuous Improvement）そのものである。

☆

「良かれ」と思ってやった改善が、改悪になることもある。だが、そこで落胆したり、叱責すべきではない。

- 「やって、ダメなら、また改善」
- ★「それでもダメなら、また改善」
  — と「次の改善」に取り組むべき。
- 「改善の繰り返し」が「真の改善」につながる。「改善＝小変」だから、いくらでも「やり直し」できる。

もちろん、「最初の改善」がうまくいくこともある。だが、そこで、満足することはない。

- ◎「やって良ければ、もっと改善」
- ☆「やって良ければ、さらに改善」
  — と「次の改善」に取り組むべき。

すると、もっと、さらに良くなる。「改善の積み重ね」が「本当の改善」である。「継続的・改良の積み重ね」＝Continuous Improvementこそ、改善そのものである。

☆

数多くの「連続改善」を実施して、それらを「顕在化→共有化」することによって、

- ＊「次に、発生する不都合」
- ＊「次に、改善すべき事項」
  — など、「連続改善のパターン」が読めるようになる。

すると、次回は「やってダメなら、また改善」という「迂回路」でなく、最初から「より良い改善」がデキルようになる。

これが「先読み改善能力」である。「連続改善」の「繰り返し・積み重ね」によって「先読み改善能力」を鍛えることで、さらなる「改善の迅速化」や「改善のレベル・アップ」を図ることができる。

「改善のレベル・アップ」は「量から、質へ」という「愚かなスローガン」ではなく、「具体的な連続改善事例」の共有化によって実現できる。

連続事例集の効用

① やってダメなら また改善

「良かれ」と思ってやった改善が、裏目に出て、改悪になることもある。だが、そこで落胆したり、叱責することはない。
やってダメなら、

また改善、それでもダメなら、さらに**また改善**すべし。
「改善の繰り返し」が「本当の改善」につながる。
「改善＝小変」ゆえ、いくらでも「やり直し」デキル。

② やって良ければ もっと改善

改善できれも、そこで満足することはない。
やって良ければ、

もっと改善すべし。すると、もっと、**さらに**良くなる。
「改善の積み重ね」が「真の改善」につながる。それが
「改善＝ Continuous Improvement ＝継続的改良」なり。

③ 先読み改善能力 の強化

「連続改善」を多数（100事例以上）見ることで、
＊次に、発生する不都合
＊次に、改善すべき事項――など
「連続改善のパターン」が読めるようになる。それが
「改善の迅速化」＆「レベルUP」につながる。

179　第9章　改善Q&A　一発解答

改善Q&A一発解答④

Q 先読み改善力を強化するには？

A 数多くの連続改善の繰り返し＆積み重ね

数多くの「連続改善」の「実施→顕在化→共有化」の繰り返し・積み重ね。

☆

「将棋の名人」は「先」が読める。

ゆえに、「相手の出方」を「予知・予測・予想」した手が打てる。

つまり、「先を読んだ手＝先手対応」ができる。それは「将棋の定石」や「戦局のパターン」などが「アタマの引出し」に数多く蓄積されているからだ。

「改善の達人」も「先」が読める。

ゆえに、「改善」によって発生するであろう不都合を「予知・予測・予想」した「先回り改善」ができる。

それは「改善の定石」や「連続改善のパターン」が「アタマの引出し」に数多く蓄積されているからだ。

● 「やってダメなら、また改善」
★ 「それでもダメなら、また改善」
——という「連続改善」の繰り返しによって、

☆

*次に「発生する不都合」のタイプ
*次に「やるべき対応策」のパターン
——などが見えてくる。

◎ 「やって良ければ、もっと改善」
☆ 「やって良ければ、さらに改善」
——という「連続改善」の積み重ねによって、

あるいは、

* 「先取り改善」
* 「先読み改善」
——がデキるようになる。

☆

「やってダメならまた改善」という「連続改善」に対して、「最初から、そうしておけば良かったではないか」という意見がある。

だが、それは自分は何も改善しない「評論家」である。実際に改善すれば、

* 「やってみなければ、ワカラない」
* 「やってみれば、ワカる」
——という現実を実感できる。その繰り返しが「先読み改善力」の強化につながる。

180

先読み改善力の強化
連続改善の実施&共有化

将棋の名人は「先」が読める。ゆえに、

先を読んだ手 = 先手対応

がデキる。

それは多くの「将棋の定石」や「パターン」が
「アタマの引出し」に蓄積されているからだ。

改善の達人も「先」が読める。ゆえに、

先を読んだ改善 = 先手改善

がデキる。

それは多くの「改善の定石」や
「**連続改善**のパターン」が
「アタマの引出し」に蓄積されているからだ。

● やってダメなら、**また改善**

★ それでもダメなら、**また改善**

という「連続改善」の「繰り返し&積み重ね」で、

 ＊改善で発生する不都合のタイプ
 ◎「次にやるべき改善」のパターン
が見えてくる。それが「先読み改善能力」

改善Q&A一発解答⑤

Q 人を責めず、方法を攻めるだが、「その人」を放置していいのか？

A 人を変えるよりも、方法を変えるほうが効果的

　我々は「人」を責められると非常に辛い。なぜなら、自分の「人格・性格・癖」などは、なかなか変えられないからだ。

　そのため、いつまでも責められることになる。これでは、たまったものではない。

　たとえば、「慌て者」という性格の人は、よく間違ったり、忘れたりする。

　そのような人に対して、

「もっと、気をつけろ」

「もっと、注意せよ」

「その性格を直せ」

「その性格を改造せよ」

──などと言ってもダメ。

「性格」は簡単には変えられない。ムリやり変えようとすると、過大なストレスとなる。

　すると、職場は地獄になってしまう。

「職場」は、仕事をするところであり、けっして、「人格や性格」を変えたり、改造するところではない。

　それよりも、

「慌て者でも、間違えナイ化」

「うっかり者でも、忘れナイ化」

──という「改善」のほうが、はるかに、効果的だろう。

☆

　「人」を変えるのは難しい。だが、「方法」は簡単に変えられる。しかも、手っとり早く変えられる。

　「改善」は「小変」なので、簡単に、手っとり早く変えられる。

　「マズイやり方」で仕事をやっていて、間違ったり、失敗していても、それを「より良い方法」に変更すれば、「間違えナイ化」や「失敗しナイ化」ができる。

　問題がなくなってしまえば、もはや、「責められる」ことはない。責められるべき「マズイやり方」が、消滅してしまったのだから。

　「人」を変えるのと、「方法」を変えるは、どちらが、ラクで、手っとり早いだろうか。

　どちらが、実際の「問題解決」につながり、快適に働けるだろうか。

人を責めず、方法を攻めるで「その人」を放置していいのか？
「鍛え直す」べきではないか

「人」を責められると辛い。なぜなら、人間は自分の「人格・性格・癖」は、なかなか変えられないからだ。そのため、いつまでも責められることになる。

「慌て者」で、よく間違ったり、忘れる人に、
「もっと、気をつけろ、注意せよ」
「その性格を直せ、性格を改造せよ」
などと言ってもダメ。
「性格」は簡単には変えられない。ムリやり変えようとすると過大ストレスとなる。すると、職場は地獄になってしまう。「職場」は仕事をするところであり、「人格や性格」を変えたり、改造するところではない。

「人」を変えるのは難しい。だが、「方法」なら簡単に変えられる。「改善」は「小変」なので、手っとり早く変えられる。「マズイやり方」でも、変更し、問題を解消してしまえば、もはや、責められることはない。

「人」を変えるのと、「方法」を変えるのでは、どちらが、手っとり早く問題を解決できるだろうか？

改善Q&A一発解答⑥

Q なぜ、ワザワザ実施済改善を顕在化→共有化するのか？

A 改善の定着化→活性化には顕在化→共有化が不可欠

改善活動の「持続・継続→定着化→活性化」には、改善の「実施→顕在化→共有化」が不可欠である。

☆

改善は、けっして「大変=大きく変える」ことではない。「小変=小さく変える」に過ぎない。ゆえに、誰もが「改善そのもの」は実施している。

しかし、改善が「やりっ放し」だと、

* 「その人だけ」の改善
* 「その職場だけ」の改善

となってしまう。

そのため、「せっかくの改善」が「単発的な改善」で終わってしまい、「次の改善」につながらない。

だが、改善を簡単な「改善メモ」に書き出して顕在化すれば、次の3点の形成・共有化が可能となる。

① 改善能力
　「改善の定石・ノウハウ」の共有化

② 改善意欲
　「改善のメリット」の実感→納得

③ 改善風土
　「変化を受け入れる職場風土」の形成

☆

改善が「やりっ放し」になっている職場と、改善が「顕在化→共有化」されている職場では、改善の、

① 「能力」
② 「意欲」
③ 「風土」

——に大きな違いが見られる。

もちろん、「改善制度」がなくても、ワザワザ書き出さなくても、全社員が常に、自分の「仕事のやり方」を見直して、常に改善してくれるのが理想である。

だが、その「理想的な会社」に、一歩でも近づくには、具体的にはどうすればいいだろうか。

そのための、最も簡単な方法が、「実施済の改善」を「改善メモ」として書き出し、それを共有化し、「次の改善」につなげるという「実施型・改善報告制度」である。

改善活動の **持続・継続→定着化→活性化** には、なぜ、改善の **実施→顕在化→共有化** が必要か

改善は、けっして **大変**（大きく変える）ではない。

改善＝**小変**（小さく変える）に過ぎないので、誰もが「改善そのもの」は実施している。

だが、その改善が **やりっ放し** のままだと、**その人だけ・その職場だけ** の改善に過ぎない。そのため、「せっかくの改善」が「単発的な改善」で終わってしまう。

だが、改善を簡単な「改善メモ」として、顕在化すれば、次の3点の形成・共有化が可能となる。

① **改善能力**：「改善の定石・ノウハウ」の共有化
② **改善意欲**：「改善のメリット」の実感→納得
③ **改善風土**：「変化を受け入れる職場風土」の形成

改善制度がなく、改善が「やりっ放し」の職場と、改善が顕在化→共有化されている職場では、改善の「能力・意欲・風土」に大きな違いが発生している。

改善Q&A一発解答⑦

Q 「やめる改善」を促進するには?

A 「やめた事例集」を活用すべし

改善の3原則は「やめる・減らす・カエル」だが、最も効果的なのは、
* 「不要なこと」は「やめる」
* 「ムダなこと」は「やめる」
など、「やめる改善」である。

だが、「改善=小変える=小さく変える=ちょっと変える」と言えども、今までのことを「やめる」と多少のリスクが発生する。

「やめる」には「やめる勇気」が必要である。とりわけ、前例に基づいて「前例どおり」にやっていればいいという職場では、かなりの勇気がいる。そのような職場では、「素手」の戦いは勧められない。困難に立ち向かうには、「武器」や「補助具」の活用が勧められる。

「やめた改善事例」こそ、まさに、「やめる勇気」を与え、改善を後押ししてくれる「補助具」である。

☆

「補助具」としての「やめた事例集」を活用すべし。

☆

* 「やめた事例」
* 「やめて良かった事例」
* 「やめて問題なかった事例」

——を共有化することで、
◎ 「不要なこと」はヤメてもいい
◎ 「ムダなこと」はヤメるべきだ

という「共通認識」が形成される。

だが、「やめた事例集」がないと、「不要・ムダ」がいつまでも続く。なぜなら、多くの人は、

※ 「他人がヤルなら、自分も——」
※ 「他人がヤメルなら、自分も——」

と考えているからだ。

そのような職場での改善推進には「やめた事例=やめた前例」を集めた「やめた事例集」という補助具が必要である。

☆

たとえ、「前例」に基づいて仕事をしている職場でも、「やめた前例」を数多く集めれば、「やめる」ことも、「その職場の前例のひとつ」となる。

やめる勇気 を後押しする
やめた改善・事例集

改善には やめる勇気 が必要。とりわけ、前例に基づき「前例どおり」にやればいい職場では、たとえ、「ムダ」だとわかっていても、それらを「やめる」のは難しい。

そのような職場に、「やめる勇気」を与え、「やめる改善」を後押ししてくれるのは やめた改善・事例集 である。

＊「やめた事例」
＊「やめて良かった事例」
＊「やめても問題のなかった事例」
を共有化することで、
◎「不要なこと」はヤメていい
◎「ムダなこと」はヤメるべき
という「共通認識」が形成される。

だが、「やめた事例集」がないと「ムダ」が続く。
なぜなら、多くの人は
☆「他人がヤメるなら、自分もヤメよう」
☆「他人がやるなら、自分もやろう」
と考えているからだ。
そのような職場での改善推進には
「やめた事例＝やめた前例」を集めた
やめた前例集 という 補助具 が必要。

あとがき

本書は改善の専門誌『創意とくふう』の「改善講座シリーズ」の連載記事を「再・編集＆構成」したもので、すでに刊行済みの『改善基礎講座』の続編である。

追って出版予定の「上級講座」と併せた「3部作」にて、改善活動の「導入化→解説」する。

① **基礎講座**：手間をかけず、金をかけず、知恵を出す改善ノウハウ
② **応用講座**：改善レベル・アップ・ノウハウ（改善のレベル3段階）
③ **上級講座**：改善の「しくみ・しかけ・しそう」（制度・運営・思想）

また、各々のテーマに、ほぼ対応した内容の「DVD教材」も提供しており、「テキスト」と「DVD」、または「改善セミナ」や「企業内・改善研修」との「使い分け」と「組み合わせ」による「改善教育」が勧められる。

改善の「最終目的」は「ナイ化」の実現である。つまり、

* 「間違え・ナイ化」
* 「危なく・ナイ化」
* 「遅れ・ナイ化」

――など。すなわち、

◎「不良・ゼロ」
◎「事故・ゼロ」
◎「遅れ・ゼロ」
——が、改善活動の「目指すべき最終目標」である。
　だが、「現実」は甘くない。仕事には「複数の要因」が関与している。ゆえに、それら「複数要因」のすべてを完全に「ナイ化」しなければ、「完全・ゼロ」は実現できない。
　「仕事の最終目標」として、「事故ゼロ・不良ゼロ・遅れゼロ」を掲げるのは結構である。しかし、「ゼロ」にとらわれてはならない。
　「現実」を無視して、完全無欠な「無事故・無欠陥・無謬——」にとらわれると、「隠蔽・改竄・もみ消し」などの弊害につながる危惧がある。
　たとえば、「無事故・継続日数」だけを強調していると、ともすると、
　①事故の「隠蔽」
　②事故の「もみ消し」
　③事故基準の「カサ上げ」
——などをもたらす。
　なぜなら、「無事故記録」にとらわれ、「安全な職場づくり」という「本当の目的」が見失われてしまうからだ。そして、「この程度のこと」なら、
　＊「事故のうち」に入らない
　＊「報告する」までもない
——といった「隠蔽・もみ消し体質の職場」ができあがってしまう。
　そのような職場では、タテマエとしては、

* 「事故は発生していない」
* 「職場は完全に安全である」

——ことになっている。

そのため、「事故防止改善」や「安全の工夫」がやり難くなる。なぜなら、そのような「改善の実施」は、

* 「職場」には危険がある
* 「危ないやり方」をしている

——この表明になるからだ。

よって「小さな安全対策」すら実施されない。そのため「小さな危険要素」がジワジワ蓄積されていく。そして、「隠しきれない事故」が発生する時まで、ずっと継続される。「無事故記録」は、ある意味では「危険要素の蓄積」や「隠蔽・改竄」などの「危険指標」かもしれない。

☆

「現実を直視」するなら、「完全・無欠」にとらわれるより、少しでも「ニク化=難化=減少化」を求めるほうがいい。あるいは、せめて「テモ化=影響緩和・波及防止」の改善、つまり、

* 「間違っ・ても」→「スグ、発見デキル」&「スグ、修正デキル」
* 「事故っ・ても」→「スグ、対処デキル」&「被害や損害の食い止め化」

——などの改善が勧められる。

また、たとえ、「完全無欠・完全ゼロ」の「絶対的自信」があったとしても、やはり、「万が一」に備え、念のため「テモ化」という「多重防御・多重対策」の改善が必要だ。

テキスト 改善基礎講座

日本HR協会
http://www.hr-kaizen.com 日本HR協会 検索

A5判・208頁 **1,575**円（税込）

* 改善活動を「持続・継続→定着化→活性化」
* 社員＆管理職の改善意欲＆改善能力の増強
* 改善的「企業体質＆職場風土」の形成——のための

改善基礎講座シリーズの決定版テキスト

① **テキスト** 改善基礎講座
② **DVD 教材** 改善基礎講座
③ **公開セミナ** 改善基礎講座
④ **企業内研修** 改善基礎講座

改善の専門誌 **創意とくふう** が30年間追求してきた
もっとも **簡単** で、
もっとも **わかり易** く、
もっとも **効果的** な
改善ノウハウを
基礎講座 シリーズ
として整備→体系化

改善基礎講座
手間をかけず、カネをかけず、知恵を出す改善ノウハウ
見方・方法・考え方カエル
KAIZEN カイゼン
日本HR協会
東澤文二 著

もっとも「簡単」で
もっとも「わかりやすい」
もっとも「効果的な改善ノウハウ」

改善を「実施→継続→定着化→活性化」させる
具体的・実践的な改善推進の指導書

産業能率大学出版

その核心を **超圧縮** した **テキスト** 改善基礎講座は
「改善活動」の推進・指導には不可欠の必読教材です。

まず、最初に① **テキスト** 改善基礎講座を！
つぎに、② **DVD教材** 基礎講座、または各地で開催の
③ **公開セミナ** 基礎講座を順次受講。そして自社の
④ **企業内研修** 基礎講座→応用講座の開催が勧められます。

テキスト 改善基礎講座 構成&内容

1 改善の「しくみ・しかけ・しそう」
①「実施→持続・継続→定着化→活性化」のために
②「しくみ・しかけ・しそう＝制度・運営・思想」
③各人に「3つのH」への働きかけ
④改善とは何か・改善の定義・意味・意義
⑤チャチなものほど良い改善
⑥改善＝目的へのショートカット（近道）

2 改善とは「手抜き」である
①不要からの手抜き（メリハリのある手抜き）
②忙しいから改善（忙しい人ほど改善）
③改善は小変なり（大変←→中変←→小変）
④変化対応・現実対応・制約対応
⑤「仕事」と「改善」の区別

3 改善の定石と方程式
①「改善の定石」を読み取る
②「改善の方程式」は単純・明快
③「化」をつければ「改善の定石」

4 改善力と改善発想ノウハウ
①「改善力」をつけるには
②「には・ナゼ・どうしたら」
③「手順」を変えて「ラクちん化」
④「逆転の発想」で打破・打開
⑤「改善の方程式」の活用

5 「見える化→わかる化」の改善
①「見える化→目立つ化」で「忘れない化」
②「裏」と「表」で「一目でわかる化」
③「一本の線」で「改善的・手抜き」
④「簡単な改善」から学ぶ

6 「〇〇活用」の改善の定石
①「〇〇活用」という「改善の定石」
②「機能活用」の改善
③「補助具活用」の改善
④「補助具活用」で「一人でデキる化」
⑤「サービス改善・制度活用」の改善

7 「アタリマエ」のことをするのが改善
①「アタリマエのこと」をアタリマエにすれば改善
②改善のABC
③「変化」に追いつくのが改善
④「改善報告」は「告白書」である

8 改善Q&A・一発解答
①改善ノウハウの「ひらがな化」とは？
②改善とは、何を、どうすることか？
③改善は、なぜ、全業種・全職種に展開できるのか？
④改善の「主・目的」は何か？ 誰のための改善か？

見方・方法・考え方・カエル KAIZEN カイゼン

DVD + 付録CD

改善 基礎 講座

改善活動の **しくみ・しかけ・しそう** ①②③④

見方・方法・考え方・カエル

KAIZEN カイゼン

短時間集中 超圧縮 → 高速展開

①改善の意義	：WHAT定義→WHY意味→HOW方法	約30分
②改善の事例と定石	：○○化・○○活用・使い分け	約40分
③改善の指導・推進	：誤解・反論への対応	約40分
④改善の顕在化→共有化	：改善の基本的な考え方	約30分

日本HR協会
KAIZEN事業部

★DVD（実写映像140分）＋特別付録CD＝**38,000**円
★付録CDにはパワーポイント全ファイル＆補足資料テキスト収録

※上記DVDのご購入ご希望の方は、産業能率大学出版部（TEL03-6266-2400／FAX03-3211-1400）まで

DVD教材 改善[基礎]講座
改善活動のしくみ・しかけ・しそう①②③④

改善活動の **持続・継続→定着化→活性化** には
改善推進**担当者**自身が改善活動の

　　①**しくみ**：制度や規定など
　　②**しかけ**：働きかけ、推進・指導
　　③**しそう**：基本的な考え方

に関する明確な理解が不可欠です。
推進者自身の理解がなければ、社員への説得力がないからです。

改善に関する
必須事項を**具体的事例**でじっくり解説。たとえば、
★改善と修繕の違い（原因対策←→現象対策）
★業務と改善の違い（目的←→手段選択・方法変更）
★QCと改善の違い（小変←→中変）
　　　――など1200のパワーポイント画面を高速展開。いやでも
実感→理解→納得 できる改善基礎講座の決定版です。

①改善の**意義**：WHAT定義→WHY意味→HOW方法　　約30分
②改善の**事例と定石**：○○化・○○活用・使い分け　約40分
③改善の**指導・推進**：誤解・反論への対応　　　　約40分
④改善の**顕在化→共有化**：改善の基本的な考え方　　約30分

DVD教材+付録CD
改善 応用 講座
改善活動の指導・推進・ノウハウ

改善に対する誤解を粉砕!!
改善活動のブレーキを解除

全5編 180分 **38,000**円（税込）
■講　師：日本HR協会　KAIZEN事業部
東澤文二

見方・方法・考え方・カエル
KAIZEN（カイゼン）

改善活動の「指導・推進」を強化する

1800コマの画面で視覚的に解説

① 基礎編から応用編への概略説明　約30分
② 改善 指導ノウハウ　　　　　　約30分
③ 改善 推進ノウハウ・前半　　　約40分
④ 改善 推進ノウハウ・後半　　　約50分
⑤ 改善的 思考・発想法　　　　　約30分

手間をかけずカネをかけず知恵を出す改善活動

改善活動を **継続→定着化→活性化** させるための
最も簡単で、最も効果的な手っ取り早い実践的ノウハウを提供

日本HR協会 [検索]

※上記のDVDのご購入ご希望の方は、産業能率大学出版部
（TEL03-6266-2400／FAX03-3211-1400）まで

DVD教材 改善応用講座 内容一覧

1時間目（約30分）
基礎編から応用編への概略説明

● 改善基礎講座の復習／改善・基本発想 **12**項目
① 改善は、小変
② とりあえず、やってみる
③ やってみて、さらに改善
④ 最善は、改善の敵
⑤ 改善は、手抜きである
⑥ 忙しい人ほど、改善が必要
⑦ 「くろう」より「くふう」
⑧ やめる・減らす・カエル
⑨ マネる・パクる・盗む
⑩ 改善のＡＢＣ
⑪ たかが改善、されど改善
⑫ 人を責めず、方法を攻める

● 改善応用講座の概略説明
① 改善ノウハウの体系化
② 体系化→消化→改善指導力

2時間目（約30分）
改善指導ノウハウ

● 改善の指導発想・**12**項目
① 自分を責めず、方法を攻める
② やって良ければ、さらに改善
③ 手間をかけず、カネをかけず、知恵を出す
④ **改善の方程式**
⑤ **改善の定石**
⑥ **改善の公式**
⑦ **ひらがな化**
⑧ 「さがす」→「定置化」
⑨ 「いちいち、そのつど」→「あらかじめ」
⑩ 機能活用・制度活用（使いこなせば改善）
⑪ 他人活用（他人の知恵を拝借）
⑫ 分ければワカル、分ければデキル

3時間目（約40分）
改善推進ノウハウ・前半

● 改善の推進発想・**12**項目-7
① 誤解を粉砕せよ
② ブレーキを解除せよ
③ チャチなものほど良い改善
④ ヘタな歌を歌え
　ヘタな代筆をしろ、ヘタな見本を示せ
⑤ 3分以内、100字以内で書き出せ
⑥ 問題点だけでも、ＯＫ
⑦ 「とりあえず」と「要するに」

4時間目（約50分）
改善推進ノウハウ・後半

● 改善の推進発想・**12**項目-5
⑧ エイヤー審査方式
⑨ 改善的・改善事例集
　発想別・定石別の「事例教材」
⑩ 改善的・改善発表会
　ワン・ミニッツ発表会で事例の共有化
⑪ 修繕から改善へ
⑫ 改善のレベル・3段階
　①「ない化」　②「にく化」　③「ても化」

5時間目（約30分）
改善的思考・発想法

① 「改善的とは」→「目的と手段」
② 「愚問→愚答」→改善的な質問法
③ 「具体的な事例」で「実感→納得」
④ トヨタの改善との共通点・差異点
⑤ 「仕事と改善」の区別
⑥ とりあえず「参加率80％」を
⑦ 改善のイロイロな表記・表現法

著者紹介

東澤 文二(とうざわ ぶんじ)
日本HR協会　KAIZEN事業部　hr-touzawa@nifty.com

改善の専門誌『創意とくふう』を通じて、約30年間、主要企業の「改善活動」および多数の「改善事例」を研究。最も簡単で、最もわかりやすく、最も効果的な「改善ノウハウ」に体系化。その成果は、研修受講企業における「改善活性化の実績」で充分に実証済。

【著書】
『改善基礎講座』『改善上級講座』『KAIZENマネジメント（共著）』（産業能率大学出版部）
『強い会社をつくる業務改善』『手っとり早い業務改善の急所』（明日香出版）
『改善のやり方が面白いほど身につく本』（中経出版）、『マンガ改善』（講談社文庫）
『仕事の改善ルール』『ビジネス改善の技法』『改善OJTハンドブック』（PHP研究所）
『図解・仕事のカイゼン』（日本実業出版）
『改善のはなし』『改善・提案 3部作』『手っとり早い改善ノウハウ 3部作』
『こうすれば仕事の改善ができる 3部作』『開きなおりの業務改善』
『改善の指導は事例に始まる』『対訳テキスト：Quick and Easy Kaizen』（日刊工業新聞社）

【外国語版・テキスト】
『Quick and Easy KAIZEN』（共著・PCS Press）
『改善・提案』3部作シリーズ（英語・中国語・韓国語）
『こうすれば仕事のカイゼンができる』3部作シリーズ（中国語・タイ語）
『改善のはなし』（中国語）、『手っとり早い業務改善の急所』（韓国語）

【DVD＆ビデオ教材】
『改善・基礎講座＆応用講座』『事例研究編：製造業＆サービス販売業』（日本HR協会）
『小さなカイゼン・大きな効果』『カイゼン20面相の一発解答Q＆A』（日刊工業新聞社）
『業務改善セミナー・実況版』（日本経営合理化協会）

「日本HR協会」では、改善活動の促進・推進のため下記を提供している。
＊「全国改善提案実績調査レポート」（毎年、主要企業の実績データを集計・分析）
＊改善の専門誌『創意とくふう』編集・発行
＊改善の「テキスト」／「ポスター」／「カード」／「DVD教材」などの制作
＊「公開・改善セミナー」／「改善発表会」／「改善研究会」など主要都市にて開催
＊「企業内・改善研修」／改善制度の導入・運営・研修に関する助言・指導・コンサルト

改善応用講座
— 改善のレベルアップ・ノウハウ — 　〈検印廃止〉

著　者	東澤　文二	Bunji Touzawa, Printed in Japan 2011.
発行者	飯島　聡也	
発行所	産業能率大学出版部	
	東京都世田谷区等々力6-39-15　〒158-8630	
	（電話）03（6432）2536	
	（FAX）03（6432）2537	
	（振替口座）00100-2-112912	

2011年8月30日　初版1刷発行
2017年3月20日　3刷発行

印刷所／渡辺印刷　製本所／協栄製本
（落丁・乱丁本はお取り替えいたします）　　ISBN 978-4-382-05656-5
無断転載禁止